簡単なのに、ちゃんとして見える!

レンチン 1回で

ORANGE PAGE BOOKS

**おうちごはん
格上げレシピ❶**

contents

PART

5

型不要、ワザ不要。

3ステップおやつ ……108

●この本の表記

【電子レンジについて】
加熱時間は600Wのものを基準にしています。500Wの場合は1.2倍を、700Wの場合は0.8倍を目安に加熱時間を調整してください。

【耐熱皿や容器について】
電子レンジ加熱には、指定された耐熱容器を使ってください。なお、以下のものは、レンジ加熱には使えません。
（金線や派手な色絵のついた陶器、土鍋、カットガラスのグラスや器、金属製品、木製品、漆器、耐熱性でないプラスチック容器など）

【ペーパータオルについて】
電子レンジ加熱に使うペーパータオルは「電子レンジ使用可」のものを使ってください。発火のおそれがあるので、加熱しすぎには注意。また熱に弱いポリプロピレン製のものは使用しないでください。

【大さじ、小さじ、カップについて】
大さじ1は15㎖、小さじ1は5㎖、1カップは200㎖です。

【フライパンについて】
特に記載のない場合、直径26cmのものを使用しています。

をレンチンで！

料理／市瀬悦子
撮影／鈴木泰介
スタイリング／阿部まゆこ
熱量・塩分計算／本城美智子

ミートソース、

肉みそ、

晩ごはんのおかずに大活躍するひき肉メニューが、なんとレンチン1回で完成！ 炒めることも煮ることもなく、ボールひとつでできちゃいます。超絶の簡単さで、ずぼらさんのハートをわしづかみにすること間違いなし♪

人気のひき肉メニュー

鶏そぼろ。

［冷蔵保存するときは］

でき上がったら完全にさまし、保存容器に入れて冷蔵庫へ。食べるときは、乾いた清潔なスプーンや菜箸で、使う分だけ取り分けて。お弁当に入れる場合は、汁けのあるものは汁けをきり、必ずさました状態のものを詰めてください。

［冷凍保存するときは］

完全にさめたら、約20×18cmの冷凍用保存袋2枚に½量ずつ入れるのがベスト。平らにし、使いやすいように菜箸で半分のところに跡をつけ※、バットにのせて冷凍庫へ。

※ミートソースはゆるめの仕上がりなので、いったん冷蔵庫で冷やし、少し堅くしてから菜箸で跡をつけて。

全メニュー

冷蔵で**5**日間ほど保存可能！ 冷凍で約**1**カ月保存可能！

濃厚ミートソース

ドミグラスソースを加え、煮込んだような深みのある味に!
ひき肉にまんべんなく火が通るよう、
中央をくぼませるのが「1回レンチン」のコツ。

1. ボールで
材料を混ぜ……

口径約20cmの耐熱のボールに煮汁の材料を混ぜる。ひき肉、刻み野菜を加えてスプーンでよく混ぜ、さらに中央をスプーンで押してくぼませる。

ここ失敗しがち!
ひき肉は混ぜっぱなしの状態だと真ん中が生煮えに! 必ずくぼませて、火の通りをよくしてからレンチンを。

材料(2人分×2回・でき上がり約540g分)

合いびき肉	300g

刻み野菜

玉ねぎのみじん切り	½個分(約100g)
にんにくのみじん切り	1かけ分

煮汁

ドミグラスソース(缶詰)	150g
トマトケチャップ	大さじ3
中濃ソース	大さじ2
小麦粉	大さじ1
塩	小さじ½

2. レンチン1回だけ!

ふんわりとラップをかけて電子レンジで10～12分加熱し、再びよく混ぜる。
(¼量で249kcal、塩分2.3g)

つきっきりで炒めなくていいなんて、最高!

加熱時間について

電子レンジの機種によって、時間は多少異なります。必ず短い時間から試し、様子をみて生っぽいようなら1分ずつ加熱して。また、庫内が熱くなりすぎるとエラーが出る場合もあるので、メーカーの指示に従ってください。

スパゲティにかけて

ゆでたてのスパゲティにかけて、
粉チーズとパセリをぱらり。
まずはこの食べ方で、
うまみをシンプルに味わって!
量の目安は
1人分でソース¼量くらい。

グラタントーストに

食パンにミートソースをのせ、ピザ用チーズをトッピング。
トースターでこんがりと焼き、粗びき黒こしょうでアクセントを。
大人も子どもも大好きなテッパンの味です。
量の目安は、食パン1枚にソース大さじ3くらい。

わっ、なんかおしゃれな
おつまみじゃない?

ゆでアスパラにかけて

塩ゆでしただけのアスパラがリッチに変身!
温たまをトッピングすれば、見ばえもバッチリです。
量の目安は、アスパラ5本に対してソース大さじ3くらい。

「肉みそ」「鶏そぼろ」の
共通の作り方
P10「濃厚ミートソース」
の作り方を参照し、ひき
肉、刻み野菜、煮汁を替
えて同様に作る。

中華麺にのっけて

ゆでて水きりした中華生麺にのせ、
じゃじゃ麺風に。ねぎの細切りと
ラー油でほどよく辛みをプラスします。
量の目安は1人分で肉みそ¼量くらい。

もろきゅう風に

肉みその凝縮されたうまみに、
みずみずしいきゅうりがよく合います。
量の目安はきゅうり1本に対して
肉みそ大さじ2くらい。

ちょっと甘めで濃厚。
こりゃくせになるね！

こくうま肉みそ

赤みそやごま油で、炒めたようなこくを再現！
香味野菜もプラスし、風味豊かに仕上げます。

材料（2人分×2回・でき上がり約480g分）

豚ひき肉 ･････････････････････････ 300g
刻み野菜
| ねぎのみじん切り ･･･････1本分（約100g）
| しょうがのみじん切り ･･･････････1かけ分
| にんにくのみじん切り ･･･････････1かけ分
煮汁
| 砂糖、酒 ･･･････････････････ 各大さじ3
| 赤みそ（なければみそ）･･･････ 大さじ2
| しょうゆ ･･････････････････ 大さじ1½
| ごま油 ･････････････････････ 大さじ½
| 片栗粉 ･････････････････････ 小さじ2
| 塩、こしょう ･･･････････････ 各少々

※加熱後、出てきた脂が気にな
る場合は、スプーンですくうか、
ペーパータオルで吸い取る。
（¼量で256kcal、塩分2.5g）

材料（2人分×2回・でき上がり約550g分）

鶏ひき肉‥‥‥‥‥‥‥‥‥‥‥‥‥‥ 400g
刻み野菜
　しょうがのみじん切り‥‥‥‥‥‥ 2かけ分
煮汁
　しょうゆ‥‥‥‥‥‥‥‥‥‥‥‥ 大さじ4
　みりん、酒‥‥‥‥‥‥‥‥‥‥ 各大さじ2
　砂糖、水‥‥‥‥‥‥‥‥‥‥‥ 各大さじ3
　片栗粉‥‥‥‥‥‥‥‥‥‥‥‥ 小さじ2

※材料を混ぜたら中央はくぼませず、平らにならす。
　　　　　　（¼量で235kcal、塩分2.8g）

しっとり鶏そぼろ

感激のしっとり感は片栗粉のおかげ！
適度にとろみがつき、
甘辛いしょうゆ味がひき肉に
よくからみます。

とろみがあって
「そぼろあん」みたい。

なすステーキにかけて

なすは半割りにし、多めの油でこんがりソテー。
両面に切り込みを入れておくのが、時短のコツ。
なすに塩をぱらりとふり、そぼろ、万能ねぎを
かけて完成！　量の目安はなす2個に対して
鶏そぼろ大さじ4くらい。

ご飯にのせて

しょうが風味の甘じょっぱ味とご飯は言うことなしの相性！
しば漬けとのりでアクセントをつければ、飽きずに食べられます。
さめても美味なのでお弁当にも。量の目安は1人分で鶏そぼろ¼量くらい。

PART

1

Meat dish

ガッツリ主役級！
肉おかず

この章で登場する肉おかずは、とにかくしっとりジューシー！
加熱したあと、混ぜたり蒸らしたりして、「余熱」を最大限に活用するのが秘訣です。
「レンジで作ったと思えない！」と大反響を呼んだ肉企画、ぜひごらんください。

この章で使う耐熱容器について
P15〜43の肉おかずでは、右記のサイズと重さ
の耐熱皿を使っています。器のサイズや重量が
大きく違うと、火の通りぐあいに影響するので、
できるだけ近いものを使うようにしてください。

直径25cm
約650g

極上肉おかず

いつもはフライパンで作っているしょうが焼きや肉野菜炒めが、なんとレンチン1回でできることを発見！　しかも、肉はまったくパサつくことなくジューシーな仕上がり。まさに「極上」の味わいをぜひ堪能して。

料理／小田真規子
撮影／福尾美雪
スタイリング／阿部まゆこ
熱量・塩分計算／本城美智子

つやっつやの照り♥
ほんとにレンジで作った？

豚肉のしょうが焼き

豚肉のしっとり柔らかな食感に感動！
たっぷりのおろししょうがが食欲をそそります。

真ん中をあけて

具を耐熱皿に
重ねる

耐熱皿（P14参照）の中央
をあけて玉ねぎを広げ、豚
肉は完全に広げない状態
で、たれごとのせる。

レンジで加熱する

アーチ状にふんわりとラッ
プをかけ、電子レンジで5
分ほど加熱する。

よく混ぜる

ラップをはずし、底から返
すように30秒ほど混ぜ、味
をなじませる。器に盛り、水
菜を添える。
（1人分315kcal、塩分1.9g）

下準備
● ボールに甘辛しょうが
だれの材料を混ぜ、豚
肉を加えてもみ込む。
● 玉ねぎは縦に幅5mmに
切る。
● 水菜は根元を切り、長
さ4〜5cmに切る。

材料（2人分）

豚肩ロース薄切り肉……200g
甘辛しょうがだれ
　しょうがのすりおろし……2かけ分
　しょうゆ……小さじ4
　みりん……大さじ1
　片栗粉……小さじ1
玉ねぎ……½個（約100g）
水菜……½わ（約20g）

ここ失敗しがち！
火の通りやすい「皿のまわり」が肉のベスト
ポジション。真ん中に置くのはNGです。

きのこつくねの照り焼き

ふわっとソフトな口当たりは、レンジだからこそ！
しめじとひき肉、ダブルのうまみで大満足のおいしさ。

材料（2人分）

肉だね
- 鶏ひき肉……200g
- しめじ……50g
- ねぎのみじん切り……1/3本分（約40g）
- 小麦粉……大さじ1
- 塩……少々

照り焼きだれ
- 白いりごま、しょうゆ、砂糖……各大さじ1

青じその葉……適宜

練りわさび

下準備
- しめじは石づきを切り、粗いみじん切りにする。ボールに肉だねの材料を入れ、粘りが出るまでよく練り混ぜ、1/4量ずつ小判形に整える。
- 青じそは軸を切る。

① 耐熱皿に肉だねを並べ、たれをかける

照り焼きだれの材料を混ぜる。耐熱皿（P14参照）の周囲に肉だねを並べ、たれを均等にかける。

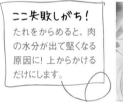

ここ失敗しがち！
たれをからめると、肉の水分が出て堅くなる原因に！ 上からかけるだけにします。

たれはかけるだけ

② レンジで加熱する

アーチ状にふんわりとラップをかけて、電子レンジで5分ほど加熱する。

③ たれをからめて仕上げる

ラップをはずし、皿についた焦げをこそげ、たれになじませる。たれにとろみが出るまで1分ほど、つくねを返してたれをからめ、青じそを敷いた器に盛り、わさび適宜を添える。　（1人分239kcal、塩分2.0g）

これならオレでもカンペキに作れるな！

③

よく混ぜる

ラップをはずし、底から返すようにキャベツがしんなりするまで30秒ほど混ぜ、味をなじませる。
（1人分350kcal、塩分3.5g）

②

レンジで加熱する

アーチ状にふんわりとラップをかけて、電子レンジで6分ほど加熱する。

①

肉はまわりに

具を耐熱皿に重ねる

耐熱皿（P14参照）にキャベツ、ねぎの順に広げ入れる。豚肉は完全に広げない状態で、中央をあけてたれごとのせる。

ここ失敗しがち！
取り出した直後はキャベツがかなり生っぽいですが、追加で加熱しないで。30秒混ぜているうちに、余熱でほどよくしんなりします。

ホイコオロウ
回 鍋 肉

肉にもみ込んだ辛みそのおかげで、
ご飯がどんどんすすみます！

下準備
- キャベツは5cm四方に切る。
- ねぎは幅5mmの斜め切りにする。
- 豚肉は長さ6～7cmに切る。ボールにみそだれの材料を混ぜ、豚肉を加えてもみ込む。

材料（2人分）

豚肩ロース薄切り肉……200g
キャベツの葉……4枚（約200g）
ねぎ……½本（約50g）
みそだれ
　しょうがのすりおろし、にんにくの
　　すりおろし……各½かけ分
　みそ……大さじ2
　砂糖……大さじ1
　しょうゆ……小さじ2
　片栗粉……小さじ1
　トウバンジャン
　豆板醤……小さじ½

まさか炒めものまで？
レンジすごすぎ♪

極上「レンジ炒め」

シャキッとしんなり。
半生感がいいね！

材料（2人分）
豚バラ薄切り肉……150g
下味
│ 片栗粉、しょうゆ、ごま油……各小さじ1
│ 塩……小さじ½
もやし……1袋（約200g）
万能ねぎ……50g
溶き卵……2個分
しょうがのせん切り……1かけ分
削り節……½パック（約2g）

下準備
● もやしはできればひげ根を取り、水にさらしてざる
　に上げ、水けをしっかりときる。
● 万能ねぎは長さ5〜6cmに切る。
● 豚肉は長さ5cmに切り、下味の材料をもみ込む。

① **具を耐熱皿に重ね、**
　　溶き卵を流す

耐熱皿（P14参照）の中央をあけて、もや
し、しょうが、万能ねぎの順に重ねる。豚
肉は完全に広げない状態でのせ、中央に
溶き卵を流し入れる。

卵は真ん中〜

② **レンジで加熱する**

アーチ状にふんわりとラップをかけて、電
子レンジで6分ほど加熱する。

③ **よく混ぜる**

ラップをはずし、卵をくずしながら、底か
ら返すように30秒ほど混ぜる。削り節を
加え、ひと混ぜする。

（1人分420kcal、塩分2.3g）

もやしチャンプルー

もやしとねぎのシャキシャキ感は感動もの。
卵は熱の当たりが弱い真ん中に流せば、ふわっふわに！

材料（2人分）

肉だね

合いびき肉……200g

しょうがのすりおろし、にんにくのすりおろし
……各½かけ分

カレー粉、小麦粉、みそ……各大さじ1

トマトケチャップ……⅓カップ

塩……小さじ½

水……¼カップ

オクラ……6本

なす……1個（約80g）

玉ねぎのみじん切り……¼個分（約50g）

温かいご飯……どんぶり2杯分（約400g）

塩

下準備

● なすはへたを切り、ところどころピーラーで皮を
むく。1cm角に切り、塩少々をまぶす。

● オクラはへたを切ってがくを削り、幅1cmに切る。

① **耐熱のボールに肉だねを
はりつけ、野菜を重ねる**

口径約20cmの耐熱のボールに肉だねの
材料を入れ、しっかりと混ぜる。スプー
ンで押し広げ、ボールの内側に厚さ1cm
ほどにはりつける。中央に玉ねぎ、オクラ、
なすを重ね入れる。

ここ失敗しがち！
ひき肉だねはボールに「はりつける」
のが、生煮えを防ぐポイント。同じ
厚みにして均一に火を通します。

② **レンジで加熱する**

アーチ状にふんわりとラップをかけ、電
子レンジで8分ほど加熱する。

③ **よく混ぜて仕上げる**

ラップをはずし、フォークで肉をほぐしな
がら、全体が均一になるまで混ぜる。器
にご飯を盛り、カレーをかける。

（1人分で676kcal、塩分4.2g）

野菜は真ん中〜

なすとオクラの
キーマカレー

カレー粉にケチャップを加えた食べやすい味。
かくし味のみそのおかげでしっとり仕上がります。

プルコギ風

にんにくとにらのパンチがきいたスタミナおかず。
みそ+はちみつでご飯がすすむこってり味に。

牛こまってパサつきがち
なのに、これは柔らかいね。

材料（2人分）

牛こま切れ肉……150g

赤パプリカ……1/2個（約80g）

玉ねぎ……1/2個（約100g）

にら……50g

薬味みそだれ

しょうがのすりおろし、にんにくのすりおろし
　　……各1かけ分

みそ……大さじ1

はちみつ、しょうゆ……各小さじ2

小麦粉　七味唐辛子

下準備

● パプリカはへたと種を取り、縦に幅6〜7mmに切る。

● 玉ねぎは縦に幅5mmに切る。

● にらは長さ7cmに切る。

● 牛肉に小麦粉小さじ2をまぶす。

● 薬味みそだれの材料を混ぜる。

① 具を耐熱皿に重ね、たれをかける

耐熱皿（P14参照）に玉ねぎ、パプリカ、にらの順に広げ入れる。牛肉を1/8量ずつかるくまとめながら、皿の周囲に並べる。薬味みそだれを回しかける。

ここ失敗しがち！
牛肉は、きちんと広げすぎるとパサつく原因に！ クシュッと握っておくと、火の通りがおだやかになります。

② レンジで加熱する

アーチ状にふんわりとラップをかけて、電子レンジで7分ほど加熱する。

③ よく混ぜる

ラップをはずし、牛肉をかるくほぐしながら、底から返すように30秒ほど混ぜ、味をなじませる。器に盛り、七味唐辛子適宜をふる。（1人分335kcal、塩分2.1g）

牛肉は
まとめながら

料理／藤井恵
撮影／岡本真直
スタイリング／深川あさり
熱量・塩分計算／本城美智子

藤井恵さんの
おいしい時短はレンジから。

じつはレンジ料理をそんなにやってこなかった私。でも、この「肉巻き」を作ってみて、独特のよさに気づいたんです。レンジ加熱だからこそ、野菜が持つ水分を最大限に生かせるんだなって。それから、レンジっていいなと思うようになりました。

なすの豚肉巻き

材料（2人分）
豚バラ薄切り肉……12枚（約170g）
なす……3個（約200g）
青じその葉……5枚
ごましょうがだれ
| しょうゆ……大さじ2
| 白すりごま……大さじ1
| しょうが汁……大さじ½
| 酒、ごま油……各小さじ2
| 砂糖、片栗粉……各小さじ½
| 塩……少々
サラダ油

下準備
● なすはへたを切り、皮をピーラーでしま目にむいて縦4等分に切る。
● 青じその葉はせん切りにする。
● ごましょうがだれの材料を混ぜる。

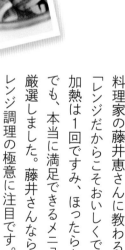

なすを切り、肉巻きを作る
なすにサラダ油大さじ½をからめ、1切れに肉1枚をらせん状に巻きつけ、残りも同様に巻く。

たれをかけ、レンジで加熱する
耐熱皿（P14参照）に①を巻き終わりを下にして並べ、たれをまんべんなくかける。ふんわりとラップをかけ、電子レンジで6分加熱し、そのまま1分ほど蒸らす。ラップをはずして、肉巻きをころがしながらたれをからめ、器に盛る。青じその葉をのせる。　（1人分457kcal、塩分3.1g）

料理家の藤井恵さんに教わるのは、「レンジだからこそおいしくできるおかず」。加熱は1回ですみ、ほったらかし可能。でも、本当に満足できるメニューを厳選しました。藤井さんならではのレンジ調理の極意に注目です。

藤井 恵さん

料理研究家・管理栄養士。味と栄養バランスを兼ね備えた、手軽な料理に定評がある。雑誌、テレビ、広告など、幅広いジャンルで活躍中。『藤井 恵　わたしの家庭料理』（小社）は好評のロングセラーに。

このたれうますぎ！
「たれめし」でもいける（笑）。

かむとなすがジュワ〜ッ。
うれしい不意打ち♥

肉と野菜をそれぞれ替えれば、
バリエーションが広がります。
片栗粉入りのたれを
加熱後にしっかりからめて、
つやっと仕上げてくださいね。

エリンギの中華風肉巻き

エリンギは縦に棒状に切って、
断面からしっかり「脱水」を。
ちょうどよく火を通す、さりげないワザ。

まだあるおいしい組み合わせ。
「**肉巻き**」はレンジで。

にんにくきいたガツン味。
エリンギってのもいい！

アスパラのゆず風味肉巻き

香りがとびにくいレンジだからこそ、「ゆずこしょう」のさわやかな風味が強く出ます。

材料（2人分）

牛もも薄切り肉
　……6枚（約180g）

グリーンアスパラガス
　……6本（約230g）

ゆずこしょうだれ

　ゆずこしょう……小さじ1

　しょうゆ……小さじ⅓

　酒……大さじ1

　片栗粉……小さじ½

　塩……ひとつまみ

下準備

●アスパラは根元の堅い部分を切り落とし、ピーラーで根元から6〜7cmの堅い皮をむく。

●ゆずこしょうだれの材料を混ぜる。

① アスパラの肉巻きを作る

アスパラ1本に肉1枚をらせん状に巻きつけ、長さを半分に切る。残りも同様に巻いて切る。

② たれをかけ、レンジで加熱する

耐熱皿（P14参照）に①を巻き終わりを下にして並べ、たれをかける。ふんわりとラップをかけ、電子レンジで5分加熱し、そのまま1分ほど蒸らす。ラップをはずし、肉巻きをころがしながらたれをからめ、器に盛る。耐熱皿に残ったたれをかける。

（1人分215kcal、塩分1.4g）

材料（2人分）

豚ロース薄切り肉……16枚（約250g）

エリンギ……2〜3本（約170g）

下味

　にんにくのすりおろし……1かけ分

　塩、こしょう……各少々

オイスターしょうゆだれ

　オイスターソース、しょうゆ……各大さじ1

　酒……大さじ½

　サラダ油……小さじ1

　砂糖、片栗粉……各小さじ½

レタス……¼個

粗びき黒こしょう

下準備

●エリンギは縦に4等分、長さ6cmくらいに切って16切れとる。

●オイスターしょうゆだれの材料を混ぜる。

ここ失敗しがち！
短いエリンギは長さを切らず、縦に4つ割りにするだけでも。なるべく同じ長さにすると、火の通りもそろいます。

① エリンギの肉巻きを作る

エリンギに下味の材料をからめ、1切れに肉1枚を巻きつける。残りも同様に巻く。

② たれをかけ、レンジで加熱する

耐熱皿（P14参照）に①を巻き終わりを下にして並べ、たれをかける。ふんわりとラップをかけ、電子レンジで5分加熱し、そのまま1分ほど蒸らす。ラップをはずし、肉巻きをころがしながらたれをからめる。器にレタスをちぎって敷き、肉巻きをのせ、粗びき黒こしょう少々をふる。

（1人分399kcal、塩分2.9g）

材料（2人分）

鶏もも肉（小）……2枚（約300g）

下味
| しょうが汁……小さじ2
| 酒……大さじ1

照り焼きだれ
| しょうゆ……大さじ1½
| みりん、砂糖……各小さじ2
| 片栗粉……小さじ1½

貝割れ菜……1パック

下準備
● 鶏肉は身の厚い部分に切り込みを入れる。
● 貝割れは根元を切り、長さを半分に切る。

① **鶏肉に下味とたれを順にからめる**

耐熱皿（P14参照）に下味の材料を入れ、鶏肉を加えてよくからめ、10〜15分おく。照り焼きだれの材料を混ぜて加え、さらに鶏肉にからめる。

② **レンジで加熱し、蒸らす**

鶏肉を皮目を下にし、ふんわりとラップをかけて電子レンジで6分加熱し、2分ほど蒸らす。ラップをはずして、鶏肉にたれをしっかりからめる。食べやすく切って器に盛り、耐熱皿に残ったたれをかけ、貝割れを添える。　（1人分351kcal、塩分2.2g）

照り焼きチキン

しょうが汁と酒で
まず下味を。
肉をより柔らかく
仕上げるための、
藤井さんのこだわり。

たれをからめて極上のしっとり感。
「**鶏料理**」こそレンジで。

鶏肉はレンジに向いている食材のひとつ。
たれや酒でコーティングしてチンすれば、
肉の水分を守りながら加熱でき、パサつきません。
余熱を上手に使うのも、しっとり仕上げるコツ。

切り分けた胸肉は、驚くほどのしっとり感。「二重ラップ」のたまものです。

蒸し鶏の香味しょうゆだれがけ

① レンジで加熱し、粗熱を取る

鶏肉は出てきた水けをペーパータオルで拭き取る。耐熱皿（P14参照）にのせ、下味の材料をからめる。ラップを肉よりひとまわり大きめに切り、肉の表面全体にはりつける。さらにふんわりとラップをかけて電子レンジで4分加熱し、そのまま粗熱を取る。

> **ここ失敗しがち！**
> 脂肪分が少なく、パサつきがちな胸肉は「二重ラップ」でガード！ しっとりと仕上げるため、この工程だけは手を抜かずに行って。

② 香味だれを作り、かける

鶏肉を食べやすい大きさに切り、きゅうりとともに器に盛る。香味しょうゆだれの材料を混ぜてかける。　（1人分137kcal、塩分1.7g）

材料（2人分）
鶏胸肉……1枚（約200g）
きゅうり……2本
下味
　しょうが汁、酒……各小さじ1
香味しょうゆだれ
├ しょうがのみじん切り、
│　にんにくのみじん切り
│　……各1かけ分
├ しょうゆ……大さじ1
├ 酢……小さじ2
├ 砂糖、ごま油、ラー油
│　……各小さじ½
塩

下準備
● 鶏肉は皮を取り除き、塩小さじ⅓をすり込んで室温に20分ほど置く。
● きゅうりは両端を切り、めん棒でたたいて食べやすい大きさに割る。

甘めのケチャップ味に深みを加える「にんにく使い」。
これぞ、藤井さんの十八番（おはこ）。

鶏肉のケチャップ蒸し煮

下準備
● 鶏肉に塩小さじ⅓、こしょう少々をすり込み、一口大に切る。
● パプリカは縦半分に切ってへたと種を取り、玉ねぎとともに1cm四方に切る。

① 鶏肉にたれをもみ込む

直径約25cmの耐熱の器ににんにくケチャップだれの材料を混ぜ、鶏肉を入れてもみ込む。5分ほどおき、玉ねぎ、パプリカをのせる。

② レンジで加熱し、チーズを散らす

ふんわりとラップをかけ、電子レンジで7分加熱する。ラップをはずしてよく混ぜ、チーズを手早く散らす。すぐに再びラップをし、2〜3分おいてチーズを溶かす。ラップをはずしてパセリをふる。
　　　　　（1人分517kcal、塩分3.3g）

材料（2人分）
鶏もも肉（小）……2枚（約400g）
黄パプリカ……1個
玉ねぎ……½個
ピザ用チーズ……30g
パセリのみじん切り……少々
にんにくケチャップだれ
├ トマトケチャップ……大さじ3
├ にんにくのすりおろし……1かけ分
├ しょうゆ……小さじ2
├ 白ワイン（なければ酒）、片栗粉、
│　砂糖……各小さじ1
├ こしょう……少々
塩　こしょう

チンした器で食べられる！ラクでいいわ〜。

肉と野菜を重ねて蒸すことで、
肉汁が全体になじんで、
野菜もうまみたっぷりに。
肉に香りのよい下味をつけると、
おいしさが倍増するんです。

豚バラともやしの
重ね蒸し

ご飯がすすむ香り高い味わいは、
「オイスターソース＋梅肉」のうまみと
酸味の合わせワザ。

野菜もぐっとおいしくなる。
「**肉の重ね蒸し**」もレンジで。

重ね蒸し青椒肉絲
（チンジャオロウスー）

ピーマン、たけのこは「油がらめ」でシャキッと。レンジ加熱とは思えない歯ざわりに驚き。

① 材料の下ごしらえをする

口径約23cmの耐熱のボールにピーマン、たけのこを入れ、サラダ油小さじ½をからめて混ぜる。別のボールに香味しょうゆだれの材料を混ぜ、牛肉を加えてもみ込む。

② レンジで加熱し、よく混ぜる

ピーマン、たけのこの上に牛肉を広げてのせ、ふんわりとラップをかけて、電子レンジで4分加熱する。ラップをはずして全体をあえ、器に盛る。

（1人分232kcal、塩分2.0g）

材料（2人分）

牛もも肉（焼き肉用）……150g
ピーマン……4個（約130g）
たけのこの水煮（小）……1個（約70g）
香味しょうゆだれ
┌ ねぎのみじん切り……⅓本分
│ にんにくのみじん切り……1かけ分
│ しょうゆ……大さじ1
│ 酒、砂糖、ごま油……各小さじ1
│ 片栗粉……小さじ½
│ 塩……ひとつまみ
└ こしょう……少々
サラダ油

下準備
●ピーマンは縦半分に切ってへたと種を取り、牛肉、たけのことともに細切りにする。

材料（2人分）

豚バラ薄切り肉……150g
もやし……1袋（約200g）
しめじ……1パック
万能ねぎ……2本
オイスター梅肉だれ
┌ 梅肉……1½個分（約大さじ1）
│ オイスターソース……大さじ½
│ しょうがのすりおろし……1かけ分
│ しょうゆ、酒、ごま油、片栗粉
│   ……各小さじ1
└ 豆板醤（トウバンジャン）……小さじ½

① 材料の下ごしらえをする

豚肉は長さ5〜6cmに切る。もやしはひげ根を取り、水にさらして水けをきる。しめじは石づきを切って小房に分ける。万能ねぎは斜め薄切りにし、水にさらして水けをきる。オイスター梅肉だれの材料を混ぜ、豚肉を入れてもみ込む。

② レンジで加熱し、よく混ぜる

耐熱皿（P14参照）にもやし、しめじを順にのせ、豚肉を広げてのせる。ふんわりとラップをかけ、電子レンジで6分加熱する。ラップをはずして全体をよくあえ、器に盛って万能ねぎをのせる。

（1人分351kcal、塩分2.5g）

梅＋オイスターって初めて食べた。なんてあと引く味。

発見、もやしのほうがうまくなってる（笑）。

材料（2人分）

肉だね
　豚ひき肉……200g
　しょうがのすりおろし、にんにくの
　　すりおろし……各1かけ分
　酒……大さじ1
　しょうゆ、砂糖……各小さじ1
　サラダ油、ごま油……各大さじ½
　片栗粉……大さじ1
キャベツの葉……12枚（約650g）
つけだれ
　酢、しょうゆ、ラー油……各適宜
しょうがのせん切り……適宜
片栗粉

下準備
●キャベツは葉としんを切り分け、しんは薄切りにする。葉は大きいもの4〜5枚を表面用にとっておき、残りとしんは重ね用にする。

① 肉だねを作る
ボールに肉だねの材料を順に入れ、そのつどよく練り混ぜる。

② キャベツ、片栗粉、肉だねを重ねる

耐熱皿（P14参照）に重ね用キャベツの⅓量を敷き、葉のくぼみを押しつぶして平らにする。茶こしなどで片栗粉を薄くふる。肉だねの⅓量をのせて均一に広げる。同様にキャベツ、片栗粉、肉だねの順に2段重ねる。

③ レンジで加熱し、蒸らす
表面用のキャベツを全体をおおうようにかぶせる。ラップをふんわりとかけ、電子レンジで12分加熱して、そのまま5分ほど蒸らす。切り分けて器に盛り、しょうがのせん切りをのせる。つけだれの材料を混ぜて添える。

（1人分392kcal、塩分1.6g）

ひき肉と野菜を
器いっぱいに重ねれば、
こんな豪華な一品も。
間にふる片栗粉で、
キャベツがつるんとした食感に。

ひき肉と
キャベツの
重ね蒸し

餃子食べてる気分に
なるたれだな（笑）。

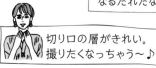
切り口の層がきれい。
撮りたくなっちゃう〜♪

シュウマイはレンジにおまかせ。

中華の人気メニュー「シュウマイ」。手作りするのは、むずかしそうなイメージがありますよね。そこで、目からうろこの簡単レシピをご紹介。皮で「包まない」うえ、たった5分レンチンするだけ！本格的な仕上がりに、何度も作りたくなりますよ。

皮をのっけてチンするだけ！

料理／堤 人美
撮影／岡本真直
スタイリング／福泉響子
熱量・塩分計算／本城美智子

レンジシュウマイ

水分を上手にキープしながら蒸すのが、最大のコツ！皮もたねもしっとりジューシーに仕上げます。

耐熱皿ひとつでできるってうれしい〜♪

材料（2人分）

たね

- 豚ひき肉……200g
- 玉ねぎの粗いみじん切り……¼個分
- しょうがのすりおろし……½かけ分
- 片栗粉、酒、しょうゆ……各大さじ½
- ごま油……大さじ1
- 塩……小さじ¼
- こしょう……少々
- 水……大さじ1½〜2

シュウマイの皮……12枚

キャベツの葉（大）……1枚（約60g）

にんじん……⅓本（約50g）

好みで練り辛子、しょうゆ、酢

下準備

- キャベツは小さめの一口大に切る。
- にんじんは皮をむき、ピーラーで縦に薄く削る。キャベツとさっと混ぜ、耐熱皿（P14参照）に広げる。
- たねの材料をボールに入れ、粘りが出るまで、手でよく練り混ぜる。

香ばしいごまの風味があとを引く！

ごま酢だれ

材料（2人分）

白すりごま……大さじ2

しょうがのすりおろし……½かけ分

酢……大さじ1

砂糖……小さじ½

しょうゆ……小さじ1

（1人分57kcal、塩分0.5g）

大根おろしたっぷりのさっぱり味。

にらおろしだれ

材料（2人分）

大根おろし（水けをきったもの）……大さじ4

にらの小口切り……4〜5本分

しょうゆ……小さじ2

ごま油……小さじ1

（1人分31kcal、塩分0.9g）

混ぜるだけで簡単！「変わりだれ」で食べてもおいしい。

③ レンチンして完成！

厚手のペーパータオルを水でぬらし、かるく絞ってかぶせる。さらにふんわりとラップをかけ、電子レンジで5分〜5分30秒加熱する。そのまま2〜3分おいて蒸らす。野菜とともに器に盛り、好みで練り辛子、しょうゆ、酢各適宜をつけていただく。　　　　　　（1人分367kcal、塩分1.6g）

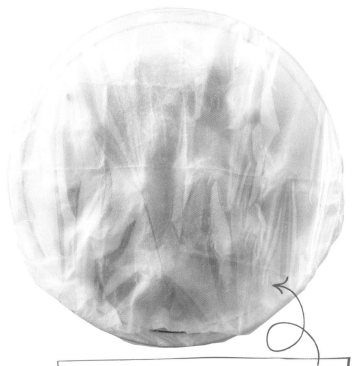

ここ失敗しがち！
皮がカラカラに乾いたり、肉だねがパサついてしまったら失敗。ペーパータオル＋ラップの「ダブル保湿」で乾燥を防ぐのが秘訣です。ちなみに、ぬらしたペーパーは「かるーく」絞り、水分を残しておいて。

② 皮をかぶせる

シュウマイの皮は1枚ずつさっと水にくぐらせ、たねにかぶせる。そのつど手でかるく押さえ、なじませながら形を整える。

 皮はぬらしてかぶせるのね。保湿第一！

たねを大きくまとめて蒸せば、もっと簡単！　厚さ3cmくらいの平らな円形にまとめ、耐熱皿に直接のせます。シュウマイの皮6枚は1枚ずつさっとぬらして一口大にちぎり、なるべく重ならないようにたねにのせて。あとは、上記の作り方③と同様に蒸せばでき上がり。

ひとまとめに
「**ビッグ
シュウマイ**」に
してもおいしい！

レモンのすっきりとした
酸味をきかせて。

ねぎ塩だれ

材料（2人分）

ねぎのみじん切り…… **大さじ2**
レモン汁…… **大さじ2**
水…… **大さじ½**
塩、砂糖…… **各小さじ¼**
こしょう…… **少々**

（1人分9kcal、塩分0.8g）

レタスシュウマイ

コーンシュウマイ

「野菜を皮代わりに！」

あまくてぷちぷち、これだいすき！

長いもシュウマイ

長いものほくほくとした食感が、
ジューシーなたねと相性抜群。

長いもシュウマイ

材料（2人分）と作り方
P32～33「レンジシュウマイ」の材料と作り
方を参照して同様にする。ただし、キャベツ
とにんじんを省き、シュウマイの皮に代えて
長いも6～7cm（約150g）を用意し、皮を
むいて5mm角に切る。また、たねを丸めた後、
長いもを等分にまぶし、手で押さえてなじま
せる。　　　　（1人分342kcal、塩分1.6g）

レタスがたっぷりいただける、ヘルシーな一品。

レタスシュウマイ

材料（2人分）と作り方
P32～33「レンジシュウマイ」
の材料と作り方を参照し、加
熱時間を約6分にして作る。
ただし、キャベツとにんじんを
省き、シュウマイの皮に代えて
レタスの葉4枚を用意する。レタスは葉先を約3×8cmに
12切れちぎり、残りは食べやすく切って耐熱皿に広げる。
また、たねを丸めた後、ちぎったレタスを1切れずつかぶせ、
手で押さえてなじませる。　（1人分305kcal、塩分1.6g）

コーンは汁けをしっかりきると、
くっつきやすくなります。

コーンシュウマイ

材料（2人分）と作り方
P32～33「レンジシュウマイ」の材料と作り方を参
照して同様にする。ただし、キャベツとにんじんを
省き、シュウマイの皮に代えてホールコーン缶詰
（130g入り）1缶を用意し、缶汁をきって汁けを拭く。
また、たねを丸めた後、コーンを等分にまぶし、手
で押さえてなじませる。

　　　　　　　　（1人分352kcal、塩分1.9g）

梅しそシュウマイ

梅の酸っぱさで、
たれがなくてもいけるね!

トマトシュウマイ

オクラシュウマイ

「たねに具をプラス!」

青じそのさわやかな香りが
自慢です。

梅しそシュウマイ

材料 (2人分) と作り方
青じその葉10枚は軸を切り、細かくちぎる。P32〜
33「レンジシュウマイ」の材料と作り方を参照して
同様にする。ただし、たねに梅肉大さじ¼〜½と
青じそを加えて混ぜ、仕上げに梅肉適宜をのせる。
（1人分370kcal、塩分1.8g）

オクラのねばねばした食感が、
くせになる!

オクラシュウマイ

材料 (2人分) と作り方
オクラ4本はへたを切って塩少々をまぶし、さっと
洗って薄い小口切りにする。P32〜33「レンジシュ
ウマイ」の材料と作り方を参照して同様にする。た
だし、たねにオクラと、ゆずこしょう小さじ½を混ぜ、
仕上げにゆずこしょう適宜をのせる。
（1人分375kcal、塩分2.1g）

仕上げに粉チーズをかけて、
こくをプラス。

トマトシュウマイ

材料 (2人分) と作り方
プチトマト4個はへたを取り、6等分のくし形切りに
する。P32〜33「レンジシュウマイ」の材料と作り
方を参照して同様にする。ただし、たねを丸めた後、
プチトマトを2切れずつ埋め込み、仕上げに粉チー
ズ大さじ1をふる。　（1人分390kcal、塩分1.7g）

「レンチン2回」の価値あり。肉のごちそうが絶品すぎる！

ごちそうの定番「チャーシュウ」や不動の人気を誇る「サラダチキン」。オーブンや鍋を使って作ることが多いメニューですが、じつはこれらも電子レンジが大得意！　簡単なのはもちろん、ジューシーで柔らかなおいしさも、オレペが保証しますよ♪

材料（4人分）

鶏もも肉……2枚（約500g）

下味
- にんにくのすりおろし……1かけ分
- 塩……小さじ1/3
- こしょう……少々

甘辛だれ
- はちみつ、しょうゆ……各大さじ2 1/2
- 酒……大さじ2
- 片栗粉……小さじ1/2

ゆで卵……2個

レタス……適宜

> ここ失敗しがち！
> レンジチャーシュウは肉の重量が大事！　もも肉2枚の合計が500gを超えると、指定の時間では火が通りません。必ず重さを量って確認を。

下準備

● 鶏肉は常温に30分ほど置く。余分な脂肪を取り、厚い部分は切り込みを入れて広げ、厚みを均一にする。下味の塩、こしょうを両面にまぶし、にんにくを皮目になじませる。

1. 鶏肉を巻き、たこ糸で固定する

鶏肉1枚を横長に置いてくるくると巻く。それをしんにするように、もう1枚の鶏肉にのせてさらに巻く。たこ糸を巻きつけてしっかりと固定する。甘辛だれの材料を混ぜる。

2. たれを加え、レンジで加熱する

耐熱皿（P14参照）に1の鶏肉をのせ、たれをかける。ふんわりとラップをかけ、肉の色全体が白っぽくなるまで電子レンジで6～7分加熱する（生っぽい部分があれば、様子をみながら1分ずつ追加する）。肉を返し、たれを別の容器に取り出す。

3. 再び加熱し、焦げたたれをからめる

ラップをかけずに電子レンジでさらに2～3分加熱し、たれが焦げたところを鶏肉でこそげ取り、表面にからめる（焦げがつかなければ、もう一度繰り返す）。粗熱を取り、食べやすく切って器に盛り、半分に切ったゆで卵とレタスを添える。とっておいたたれをかける。

（1人分336kcal、塩分2.2g）

● 冷蔵で3～4日保存可能！
※密閉できる保存容器にたれごと入れる。

料理／堤人美（P36～37）　小田真規子（P38～39）
小林まさみ（P40～41）　市瀬悦子（P42～43）
撮影／原ヒデトシ（P36～37）
福尾美雪（P38～41）
木村拓（東京料理写真・P42～43）
スタイリング／阿部まゆこ（P36～37）
浜田恵子（P40～43）
熱量・塩分計算／
五戸美香（ナッツカンパニー・P36～37、P40～43）
本城美智子（P38～39）

しっとりジューシーな口当たりになるのは、
レンジで蒸し煮にするからこそ!
はちみつ入りのたれはあえて焦がし、香ばしく仕上げます。

鶏チャーシュウ

レンジなのに香ばしい
焦げが! 不思議。

ごはんにのっけよう〜。
あまいしるも!!

レンチン9分でウマすぎ！
焼き豚は一生これでいこう。

こっくり味だから、
レタスで巻くのが好き。

ジュワッとしみ出る肉汁と、はちみつみそのこくが絶品！
ほどよく脂の入った肩ロースでお試しを。

はちみつみそ 焼き豚

材料（2〜3人分）

豚肩ロースかたまり肉 ……350g

はちみつみそだれ
| しょうがのすりおろし ……1かけ分
| にんにくのすりおろし …… 1/2 かけ分
| みそ、はちみつ ……各大さじ 2 1/2
| 豆板醤（トウバンジャン） ……小さじ1

グリーンリーフ ……適宜

下準備
● 豚肉は常温に30分ほど置く。
● はちみつみそだれの材料をよく混ぜる。

3. たれをからめる

ラップをはずし、ボールについたたれの焦げをスプーンでこそげて、肉汁で溶きのばす。豚肉を返しながらたれをからめ、幅5mmに切る（たれはとっておく）。器に盛ってグリーンリーフを添え、ボールに残ったたれ適宜をかける。

（1/3量で336kcal、塩分1.5g）

2. レンジで加熱し、ラップをかけて蒸らす

ラップをせずに、電子レンジで9分ほど加熱する。取り出して豚肉を裏返し、すぐにラップをぴっちりとかけて20分ほどおき、余熱で火を通す。

> ここ失敗しがち！
> 肉の厚みによって、余熱後に生っぽい部分が残ることも。新しいラップをふんわりとかけ、追加で1〜2分加熱すればOKです。さらに余熱が入るので、加熱しすぎないよう注意。

1. 耐熱のボールに豚肉を入れ、たれをかける

口径約20cmの耐熱のボールに豚肉を入れ、はちみつみそだれをかける（たれを肉にからめると、肉から水分が出て加熱むらが出るので、必ずかけるだけにする）。このとき、ボールの底にたれを落とすようにすると、落ちた部分がほどよく焦げる。

● 冷蔵で3〜4日保存可能！
※密閉できる保存容器にたれごと入れる。

サラダチキン

いまやコンビニで必ず見かけるサラダチキンですが、自家製すれば極上のおいしさに！おろし玉ねぎのたれに漬け、香りよくしっとりと仕上げます。

思わずできたてをつまみ食い。
超柔らかかった♡

野菜と合わせて華やかな前菜に!

カプレーゼ風に。

スライスしたサラダチキンに、トマト、モッツァレラチーズを重ねたおしゃれな前菜。味つけは、塩、粗びき黒こしょう、オリーブオイルでシンプルに。

棒棒鶏に。
<small>バンバンジー</small>

食べやすくほぐして水菜と合わせ、ボリュームのあるサラダにしても。たれは砂糖、酢、水各大さじ½、しょうゆ小さじ2、ラー油小さじ¼、しょうがのすりおろし小さじ½、白練りごま大さじ1½を混ぜて完成。

材料(2枚分)
鶏胸肉(大)……1枚(約300g)
玉ねぎだれ
| 玉ねぎのすりおろし……¼個分(約50g)
| 塩、砂糖……各小さじ1
| こしょう……少々
| 酢……大さじ1

下準備
●鶏肉はペーパータオルで水けを拭き取り、左右に身を切り開いて、厚みを均一にする。

1.鶏肉をたれに漬ける

フォークで鶏肉全体に穴をあけ、縦半分に切る。耐熱皿(P14参照)に鶏肉を入れ、玉ねぎだれ用の塩、砂糖、こしょうを加えてもみ込む。さらに、玉ねぎ、酢を加えてもみ込み、室温で30分ほど置く。

> ここ失敗しがち!
> 生の玉ねぎには、肉のたんぱく質を分解する酵素が。30分漬けることで柔らかさを実感できるので、ぜひ時間を守って。室温のほうがよくしみ込むので、真夏以外は冷蔵庫に入れないほうが◎。

2.電子レンジで加熱し、冷やす

1にふんわりとラップをかけ、電子レンジで2分30秒加熱する。取り出して鶏肉をひっくり返し、再度ラップをかけて1分30秒〜2分加熱する。ラップをしたまま粗熱を取り、冷蔵庫でしっかり冷やす。

(1枚分295kcal、塩分1.6g)

 サンドイッチにしてもおいしそうだなあ。

●冷蔵で3〜4日保存可能!
※密閉できる保存容器にたれごと入れる。

材料（2枚分）

豚ロース肉（とんかつ用・厚さ2㎝以内のもの※）
　　……2枚（約250g）

オイル玉ねぎだれ

　玉ねぎのすりおろし……1/8個分
　オリーブオイル……大さじ2
　砂糖……小さじ1
　塩……小さじ2/3
　こしょう……少々

好みで紫玉ねぎの薄切り（水にさらす）、
　　レモンのくし形切り……各適宜

※電子レンジで加熱むらができやすくなるので、厚さ2㎝以内のものを選んで。

オレペから新たに提案したいのが、
「サラダチキン」の豚肉バージョン。
とんかつ用肉でも手軽に作れるんです。
豚ならではのうまみで、
チキンとはまた違うおいしさに出会えますよ!

サラダポーク

「サラダポーク」の
おしゃれな**食べ方**。

オレンジサラダの
具に。

オレンジの果肉を入れた、女子ウケ抜群のグリーンサラダ。ベビーリーフに、「サラダポーク」のスライス、オレンジ、ブラックオリーブをプラスします。ドレッシングはサラダポークのたれ大さじ2に、酢大さじ½、塩、こしょう各少々を混ぜ、うまみのある味わいに。

1.豚肉を筋切りし、
たたく

豚肉は赤身と脂身の間に4〜5カ所切り目を入れ、筋を切る。包丁の背で、格子状に片面20回ずつ、両面をまんべんなくたたく。

2.豚肉をたれに
漬ける

耐熱皿(P14参照)にオイル玉ねぎだれの材料を混ぜ、豚肉を加えてからめる。重ならないように並べ、ふんわりとラップをかけて室温に30分ほど置く。

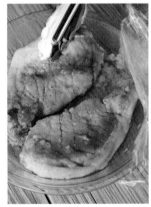

3.電子レンジで
加熱し、さます

電子レンジで1分30秒加熱して上下を返し、再びふんわりとラップをかけて、1分30秒加熱する。ラップをかけたまま15分ほどおいて粗熱を取る。食べやすく切って器に盛り、好みで紫玉ねぎの薄切り、レモンを添えて、たれ適宜をかける。
(¼量で218kcal、塩分0.9g)

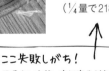

ここ失敗しがち！
15分おいた後、肉に赤みがある場合は、追加加熱が必要！ 肉の色が完全に変わるまで、様子をみながら10秒ずつ追加で加熱してください。

●冷蔵で3〜4日保存可能!
※密閉できる保存容器にたれごと入れる。冷蔵保存するとたれの油が固まるので、使う前に室温にもどす。

アボカド
トーストに。

SNSで話題になったアボカドトースト。ちょっと食べごたえを出すのに「サラダポーク」はぴったりです。つぶしたアボカド½個分に、サラダポークのたれ、マヨネーズ各大さじ1、塩少々を混ぜてトーストにのっけて。サラダポークをトッピングしたら、粗びき黒こしょうで味をひきしめます。

5種のたれでそそる肉おかずに。
お弁当の主役は「あえチン」で！

お弁当作りにも、電子レンジは大活躍！ 肉をたれであえてチンする「あえチン」なら、
主役を張れるおかずがあっという間に完成します。白いご飯がすすむ味ばかりなのもポイント高し！

チン！

野菜などの具をのせ、ふんわりとラップをかける。電子レンジで加熱して完成。

あえて、

耐熱皿にたれの材料を入れ、スプーンでよく混ぜる。肉（または魚）を加えてからめる。

※この企画で使っている耐熱皿は直径約19cm、内径約15cmのものです。なるべく似たサイズのものを使ってください。
※熱の入りぐあいに差が出ないよう、素材の重量の表示がある場合は、個数や枚数より優先させてください。

料理／市瀬悦子
撮影／竹内章雄
スタイリング／しのざき たかこ
熱量・塩分計算／五戸美香（ナッツカンパニー）

「甘辛しょうゆだれ」で

さめても肉が柔らかいの、うれしいよね。

にらの香りと歯ざわりがアクセントに。

プルコギ風

作り方
右ページを参照して豚ひき肉にたれをからめ、1cm角に切った生しいたけをのせる。ラップをかけ、電子レンジで1分30秒ほど加熱する。ひき肉をほぐしながら混ぜ、さます。
（195kcal、塩分1.8g）

チン！

材料（1人分）
甘辛しょうゆだれの材料
しょうゆ …… 小さじ2
みりん …… 小さじ2
砂糖 …… 小さじ1
片栗粉 …… 小さじ¼

豚ひき肉 …… 60g
生しいたけ …… 1個

ご飯にのせて
どんぶり風に
食べるのがおすすめ！

きのこ豚そぼろ

材料（1人分）
甘辛しょうゆだれの材料
しょうゆ …… 小さじ2
みりん …… 小さじ2
砂糖 …… 小さじ1
片栗粉 …… 小さじ¼

牛こま切れ肉 …… 80g
にらのざく切り …… 2〜3本分
一味唐辛子

作り方
右ページを参照して牛肉にたれをからめ、にらをのせる。ラップをかけ、電子レンジで1分40秒ほど加熱する。さっと混ぜてさまし、一味唐辛子適宜をふる。（283kcal、塩分1.8g）

材料（1人分）

チン！

甘みそだれの材料
- みそ……大さじ1
- 砂糖……小さじ1
- 酒……小さじ1
- 片栗粉……小さじ¼

生鮭の切り身……1切れ（約80g）

白すりごま……適宜

作り方

生鮭は4つに切る。P44を参照して生鮭にたれを
からめ、水大さじ1をふってさっと混ぜる。ラップ
をかけ、電子レンジで2分ほど加熱し、白すりごま
をからめてさます。　　　（162kcal、塩分2.4g）

キャベツのシャキッとした食感も◎。

肉みそ回鍋肉風
（ホイコオロウ）

チン！

材料（1人分）

甘みそだれの材料
- みそ……大さじ1
- 砂糖……小さじ1
- 酒……小さじ1
- 片栗粉……小さじ¼

豚ひき肉……80g

キャベツの葉（小）……1枚（約40g）

作り方

キャベツの葉は小さめの一口大に切る。P44を参
照してひき肉にたれをからめ、キャベツをのせる。
ラップをかけ、電子レンジで2分ほど加熱する。ひ
き肉をほぐしながら混ぜ、さます。

　　　　　　　　　　　　（252kcal、塩分2.3g）

ちゃんちゃん焼きみたいな味！
白めしがすすむわー。

仕上げのすりごまで香ばしさアップ！

鮭のごまみそ煮

「塩レモンだれ」で

くたっと柔らかくなったねぎも美味。

さっぱりしょうが焼き

材料（1人分）

塩レモンだれの材料

- レモン汁……小さじ1
- ごま油……小さじ1
- 塩……小さじ¼
- 砂糖……小さじ¼
- 片栗粉……小さじ¼

牛こま切れ肉……80g

グリーンアスパラガス……1本

作り方

アスパラは根元を少し切り、長さ5cmの斜め切りにする。P44を参照して牛肉にたれをからめ、アスパラをのせる。ラップをかけ、電子レンジで1分40秒ほど加熱する。さっと混ぜてさます。

（278kcal、塩分1.6g）

うまみの強い牛肉が、後味さわやかに。

牛こまの塩レモン蒸し

作り方

P44を参照して豚肉にたれをからめ、しょうが、ねぎをのせる。ラップをかけ、電子レンジで1分40秒ほど加熱する。さっと混ぜてさまし、レモンを添える。

（256kcal、塩分1.6g）

材料（1人分）

塩レモンだれの材料

- レモン汁……小さじ1
- ごま油……小さじ1
- 塩……小さじ¼
- 砂糖……小さじ¼
- 片栗粉……小さじ¼

豚こま切れ肉……80g

しょうがのせん切り……1かけ分

ねぎの斜め薄切り……6cm分

レモン（国産）のくし形切り……1切れ

チン!

「オイスターだれ」で

材料 (1人分)

オイスターだれの材料
- オイスターソース …… 小さじ2
- 酒 …… 小さじ2
- しょうゆ …… 小さじ½
- 片栗粉 …… 小さじ¼
鶏こま切れ肉 …… 100g

作り方

P44を参照して鶏肉にたれをからめる。ラップをかけ、電子レンジで2分ほど加熱する。さっと混ぜてさます。　　　　(232kcal、塩分2.0g)

牛のうまみとオイスター味が好相性。

牛肉のチンジャオ風

材料 (1人分)

チン!

オイスターだれの材料
- オイスターソース …… 小さじ2
- 酒 …… 小さじ2
- しょうゆ …… 小さじ½
- 片栗粉 …… 小さじ¼
牛こま切れ肉 …… 70g
ピーマン …… 2個(約60g)

作り方

ピーマンは縦半分に切ってへたと種を取り、縦に細切りにする。P44を参照して牛肉にたれをからめ、ピーマンをのせる。ラップをかけ、電子レンジで2分ほど加熱し、さっと混ぜてさます。

(241kcal、塩分1.9g)

つやっとした仕上がりに感激!

鶏肉の中華照り焼き風

「ケチャップだれ」で

子どもも大好きな味だね。
安心して作れる！

ほくほくとした豆で食べごたえ抜群。

ポークビーンズ

材料（1人分）

ケチャップだれの材料
- トマトケチャップ …… 大さじ1
- ウスターソース …… 大さじ1/2
- 片栗粉 …… 小さじ1/4
- 粗びき黒こしょう …… 少々

合いびき肉 …… 80g
ピーマン …… 1個（約30g）

作り方

ピーマンは縦半分に切ってへたと種を取り、1cm四方に切る。P44を参照してひき肉にたれをからめ、ピーマンをのせる。ラップをかけ、電子レンジで2分ほど加熱する。ひき肉をほぐしながら混ぜ、さます。
（240kcal、塩分1.4g）

人気パスタの味は、ご飯にもぴったり！

ひき肉ナポリタン

チン！

材料（1人分）

チン！

ケチャップだれの材料
- トマトケチャップ …… 大さじ1
- ウスターソース …… 大さじ1/2
- 片栗粉 …… 小さじ1/4
- 粗びき黒こしょう …… 少々

豚こま切れ肉 …… 60g
ミックスビーンズ …… 50g
好みで粗びき黒こしょう

作り方

P44を参照して豚肉にたれをからめ、ミックスビーンズをのせる。ラップをかけ、電子レンジで1分30秒ほど加熱し、さっと混ぜてさます。好みで粗びき黒こしょう適宜をふる。
（257kcal、塩分1.7g）

PART 2

Nimono

ほっこり定番、
和の煮もの

レンジ企画で驚きの声がいっぱい届いたのが「煮もの」。
たしかに、そのおいしさは衝撃もの。最小限の水分で煮るので
煮くずれしにくく、味もしみしみ！ 一度試したら必ずとりこになりますよ。

この章で使う耐熱容器について

P51～65の煮ものでは、右記のサイズと重さの
耐熱のボールを使っています。器のサイズや重
量が大きく違うと、火の通りぐあいに影響するの
で、できるだけ近いものを使うようにしてください。

口径20cm
約650g

極上煮ものをレンチンで。

しみしみ、なのに
煮くずれなし。

なんとなくむずかしいイメージのある煮もの。
味が濃い、薄い、煮くずれするなど
さまざまなお悩みがあるよう。
今日からは迷わずレンジにおまかせを！
チンしたあとの「蒸らし技」で、
肉じゃがも、ひじき煮も極上の味に仕上げます。

料理／小田真規子
撮影／福尾美雪
スタイリング／阿部まゆこ
熱量・塩分計算／本城美智子

レンジ煮ものは【余熱】が大事!

「600Wのレンジで加熱する」のは、強火でガーッと煮るようなもの。長時間一気にレンチンすると、火は通っても味はしみません。加熱は一歩手前でやめ、さましながら残った煮汁を吸わせるのがポイント! 煮くずれを防ぎ、野菜がしっとり仕上がるメリットも。

肉じゃが

余熱で蒸らすことで、煮汁をぐんぐん吸わせます。香り豊かなごま油で、深みのある味に。

③

よく混ぜて、蒸らす

ラップをはずし、じゃがいもをくずさないようにして、底から返してよく混ぜる。新しいラップをぴっちりとかけて5〜6分おき、余熱で火を通す。

(⅓量で309kcal、塩分1.3g)

②

レンジで加熱する

アーチ状にふんわりとラップをかけ、電子レンジで10〜11分加熱する。

> **ここ失敗しがち!**
> レンチン直後の温かい状態で時間をおかないと、中まで火が通りません。手早く混ぜて、すぐにラップをかけるのがポイントです。

①

牛肉はまわりに

具を耐熱のボールに重ねる

耐熱のボール(P50参照)に玉ねぎを広げる。中央をあけて牛肉をのせ、下味をかける。にんじん、じゃがいもを順に広げ入れる。

下準備

- じゃがいもは皮をむいて2.5cm角に切り、水に5分ほどさらして水けをきる。
- にんじんは皮をむいて縦4等分に切り、横に幅5mmに切る。
- 玉ねぎは幅1.5cmのくし形に切る。
- 牛肉に下味の材料をもみ込む。

材料(2〜3人分)

牛こま切れ肉……150g

下味
| しょうゆ……大さじ2½
| みりん……大さじ2
| 砂糖……大さじ1
| ごま油……小さじ1

じゃがいも……2個(約300g)

玉ねぎ……½個(約100g)

にんじん……⅓本(約50g)

> 「いも小さっ」と思ったけど、ほっくりできたから納得。

かぼちゃのそぼろあん

甘辛いそぼろあんを、かぼちゃにたっぷりからめてどうぞ。かぼちゃもそぼろも一つのボールでできて、うれしいかぎり。

材料（2〜3人分）

かぼちゃ……⅙個（約200g）

そぼろ
| 鶏ひき肉……100g
| しょうゆ……大さじ1½
| 砂糖……小さじ2
| 水……½カップ

水溶き片栗粉
| 片栗粉……大さじ½
| 水……大さじ1

下準備

● かぼちゃは種とわたを取り、ところどころ皮をむいて、3cm角に切る。
● 水溶き片栗粉の材料を混ぜる。

水溶き片栗粉を加え、蒸らす

ラップをはずし、かぼちゃをくずさないように、そぼろを底から返してほぐす。もう一度よく混ぜた水溶き片栗粉を加えながら、全体を混ぜる。新しいラップをぴっちりとかけ、5分ほどおいて味をなじませる。
（⅓量で126kcal、塩分1.4g）

レンジで加熱する

アーチ状にふんわりとラップをかけ、電子レンジで8分ほど加熱する。

皮を上にして

具を耐熱のボールに入れる

耐熱のボール（P50参照）にそぼろの材料を入れてよく混ぜる。かぼちゃを皮を上にして並べる。

あつあつに片栗粉を入れちゃえばいいんだ。画期的♪

① 具と煮汁を
耐熱のボールに入れる

耐熱のボール（P50参照）に、昆布、れんこん、にんじん、しいたけ、大豆を順に入れる。煮汁を回しかける。

具は順番どおりに→

（P50参照）

下準備

● 昆布はさっと水にくぐらせ、キッチンばさみで1.5cm四方に切る。
● 大豆の水煮缶詰は缶汁をきる。
● にんじんは皮をむき、1cm角に切る。
● れんこんは皮をむき、1.5cm角に切る。
● しいたけは石づきを切り、1.5cm角に切る。
● 煮汁の材料を混ぜる。

材料（2〜3人分）

大豆の水煮缶詰（100g入り）
　……1缶
昆布（長さ10cm）……1枚（約4g）
にんじん……⅓本（約50g）
れんこん……½節（約100g）
生しいたけ……4個（約60g）
煮汁
| しょうゆ……大さじ1½
| 砂糖……大さじ1
| 水……大さじ5

五目煮豆

「レシピどおりの大きさに切る」ことが唯一のコツ。どの素材にもきちんと火が通り、甘辛味もよくしみます。

② レンジで加熱する

アーチ状にふんわりとラップをかけ、電子レンジで8分ほど加熱する。

③ よく混ぜて、蒸らす

取り出してラップをはずし、底から返すようにしてよく混ぜる。新しいラップをぴっちりとかけ、10分ほどおいて味をなじませる。
（⅓量で95kcal、塩分1.6g）

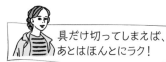

具だけ切ってしまえば、あとはほんとにラク！

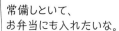

常備しといて、お弁当にも入れたいな。

ひじきの煮もの

少なめの煮汁で蒸し煮にすると、
ひじきの香りがぐっと引き立ちます。

① 具と煮汁を 耐熱皿に入れる

耐熱皿（P14参照）に、ひじき、にんじん、油揚げを入れて混ぜ、平らにならす。煮汁を回しかける。

煮汁はまんべんなく

② レンジで加熱する

アーチ状にふんわりとラップをかけ、電子レンジで6分ほど加熱する。

③ よく混ぜて、蒸らす

ラップをはずし、手早く全体をよく混ぜる。新しいラップをぴっちりとかけ、10分ほどおいて味をなじませる。

（⅓量で151kcal、塩分1.4g）

材料（2〜3人分）

芽ひじき（乾燥）
　……大さじ4（約15g）
にんじん……⅓本（約50g）
油揚げ……1枚（約40g）
煮汁
　みりん……大さじ3
　しょうゆ……大さじ1½
　ごま油、水……各大さじ1

下準備

● ひじきはさっと洗ってボールに入れ、たっぷりの水に20分ほど浸してもどす。ざるに上げて水けをきる。
● にんじんは皮をむき、縦に薄切りにしてから、縦に幅1cmに切る。
● 油揚げはぬるま湯でもみ洗いして水けをきり、縦半分に切ってから、横に幅1cmに切る。
● 煮汁の材料を混ぜる。

切り干し大根のあっさり煮

塩とみりんで上品な味わいに。
ちりめんじゃこの塩けもよく合います。

① 具と煮汁を 耐熱のボールに入れる

耐熱のボール（P50参照）に、切り干し大根、ちりめんじゃこ、ねぎを入れる。煮汁を加え、底から返すようにして混ぜ、平らにならす。

混ぜたら平らに

② レンジで加熱する

アーチ状にふんわりとラップをかけ、電子レンジで7分ほど加熱する。

③ よく混ぜて、蒸らす

ラップをはずし、手早く全体をよく混ぜる。新しいラップをぴっちりとかけ、10分ほどおいて味をなじませる。

（⅓量で76kcal、塩分1.8g）

材料（2〜3人分）

切り干し大根……50g
ちりめんじゃこ
　……¼カップ（約15g）
ねぎ……½本（約50g）
煮汁
　みりん……大さじ1
　塩……小さじ⅔
　水……1カップ

下準備

● 切り干し大根はさっと洗ってボールに入れ、水2カップを加えてよくもむ。水がにごったら、水けを絞る。同様にもう一度繰り返す。
● ねぎは幅5mmの小口切りにする。
● 煮汁の材料を混ぜる。

ひき肉にチェンジすれば

料理／小林まさみ
撮影／岡本真直
スタイリング／阿部まゆこ
熱量・塩分計算／五戸美香（ナッツカンパニー）

「肉豆腐」は
レンチン6分でできる!

煮ものとしても、おつまみとしても不動の人気を誇る肉豆腐。「煮込む」イメージがありますが、
なんとレンチン6分でできる方法をオレペが開発! 火の通りやすいひき肉に替えるのが最大のポイントです。

そぼろ肉豆腐

甘じょっぱいそぼろと豆腐で、
ご飯はもちろん、お酒もすすみます。
ねぎ多めなのもおいしさの秘密！

材料（2人分）

味つけひき肉

合いびき肉	100g
しょうゆ	大さじ 1⅓
砂糖、みりん	各小さじ2
片栗粉	小さじ½
水	大さじ2

木綿豆腐（大） …… ½丁（約200g）

野菜

　ねぎ …… ⅔本（約70g）

トッピング

　ねぎの青い部分のせん切り …… 適宜

下準備

● 豆腐は横に4等分に切る。
● ねぎは幅5mmの斜め切りにする。
● ねぎの青い部分は水に5分ほどさらす。

甘辛味をつけたひき肉を
豆腐にのっけてチン！
仕上げに蒸らして
「**しみしみ**」をねらいます。

ボールに材料を順に入れ、

味つけひき肉の材料をスプーンで混ぜる。耐熱のボール（P50参照）に、豆腐、味つけひき肉、野菜を順に広げ入れる。

② レンジで「煮る」！

ふんわりとラップをかけ、電子レンジで6分ほど加熱する（肉に完全に火が通っていなくてOK）。ラップを少し開け、肉をほぐしながらざっと混ぜる。

そぼろにほんのりとろみが。
からめて食べたらおいしー♪

濃いめ甘辛味。おれ的には
七味たっぷりがうまかった！

③ 蒸らして完成。

熱いうちにラップをぴったりとかけなおし、そのまま3分ほどおいて蒸らす。器に盛り、トッピングの材料をのせる。　（1人分249kcal、塩分2.1g）

ここ失敗しがち！
レンチン直後の温かい状態で蒸らしに入るのがコツ。肉は「ざっと」ほぐす程度でいいので、すぐにラップをかけてください。

3品共通の作り方
このページの3品はP57「そぼろ肉豆腐」の作り方を参照し、〈味つけひき肉〉と〈野菜〉を替えて同様に作る。

塩バター味に!

コーンと玉ねぎの甘みに、バターのこくが絶妙にマッチ。

材料(2人分)
味つけひき肉
[鶏ひき肉100g だし汁大さじ3 酒大さじ1 バター4g
塩、片栗粉各小さじ½]
木綿豆腐(大)½丁(約200g)
野菜[玉ねぎの薄切り¼個分(約50g) ホールコーン(缶詰)大さじ3½]
トッピング[バター4g 粗びき黒こしょう適宜]

下準備
●豆腐は横に4等分に切り、コーンは汁けをきる。

(1人分231kcal、塩分1.8g)

中華風うま煮に!

オイスターソースとしいたけのうまみがからんで絶品!

材料(2人分)
味つけひき肉[豚ひき肉100g オイスターソース大さじ1
砂糖、しょうゆ各大さじ½ 片栗粉小さじ½ 水大さじ3]
木綿豆腐(大)½丁(約200g)
野菜[生しいたけの薄切り3個分 赤ピーマン1個]

下準備
●豆腐は横に4等分に切る。赤ピーマンは縦半分に切ってへたと種を取り、横に幅1cmに切る。

(1人分221kcal、塩分1.8g)

ゆずこしょう風味に!

滋味深い味わいに、さわやかな辛みをピリリときかせて。

材料(2人分)
味つけひき肉[豚ひき肉100g だし汁大さじ3 みりん小さじ2 片栗粉、しょうゆ各小さじ½ ゆずこしょう小さじ⅓ 塩小さじ¼]
木綿豆腐(大)½丁(約200g)
野菜[えのきだけ1袋(約100g)]
トッピング[水菜のざく切り適宜]

下準備
●豆腐は横に4等分に切り、えのきは根元を切ってほぐす。

(1人分222kcal、塩分1.5g)

あっさり
煮びたし

煮びたしに初トライ。
これならやる気になった♪

つゆの味が上品！
野菜の味がよくわかるね。

和のごはんの献立にあるとうれしいのが、
こんな煮びたし。
ほんのり甘めの上品な味で、
野菜がたっぷり食べられるんです。
青菜のほか、根菜やきのこもよく合いますよ。

料理／市瀬悦子
撮影／髙杉純
スタイリング／久保田朋子
熱量・塩分計算／五戸美香（ナッツカンパニー）

⬇

4品共通の作り方

右記「小松菜とちくわの煮びたし」を参照し、材料と加熱時間を変えて同様に作る。また、耐熱のボールは口径約15cmのものに替え、材料は上から順に重ね入れる。

みりんで甘みをきかせた上品味。

【あっさりつゆの黄金比率】

しょうゆ	大さじ½
みりん	大さじ1
塩	ひとつまみ
水	½カップ

下準備
● 小松菜は根元を切って長さ5cmに切り、茎と葉を分けておく。
● ちくわは幅7mmの斜め切りにする。

材料（2人分）
上記「あっさりつゆ」の材料
　……**全量**
小松菜……小1わ（約200g）
ちくわ……2本

小松菜とちくわの煮びたし

レンチン後の5分で、小松菜がつゆを吸い込みます。ちくわで塩けとうまみをたし、食べごたえをプラス。

②　レンジで加熱し、味をなじませる

ふんわりとラップをかけ、電子レンジで5分ほど加熱する。全体をざっと混ぜ、もう一度ラップをかけて5分ほどおき、味をなじませる。

（1人分74kcal、塩分1.8g）

①　材料を切り、ボールに入れる

耐熱のボール（P50参照）にあっさりつゆの材料を入れて混ぜ、小松菜の茎、葉、ちくわの順に重ね入れる。

ここ失敗しがち！
具を重ね入れる順番は、テキトーじゃだめ。もっとも味のしみにくい「茎」を最初に入れ、つゆによく浸る状態でレンチンするのがポイントです。

柔らかなブロッコリーと、香ばしい桜えびは相性抜群。

ブロッコリーと桜えびの煮びたし

下準備
- ブロッコリーは小房に分け、茎は皮を厚めにむいて幅5mmの輪切りにする。

【レンジ加熱時間】5分ほど
（1人分60kcal、塩分1.3g）

材料（2人分）
右記「あっさりつゆ」の材料
　…… 全量
桜えび …… 大さじ1
ブロッコリー（小）…… 1株（約200g）

小さめの角切りにすれば、短時間でほくほく煮ものが完成。

かぼちゃとベーコンの煮びたし

下準備
- かぼちゃは種とわたを取り、2cm角に切る。
- ベーコンは幅1cmに切る。

【レンジ加熱時間】6分ほど
（1人分168kcal、塩分1.3g）

材料（2人分）
右記「あっさりつゆ」の材料
　…… 全量
かぼちゃ（小）…… 1/4個（約250g）
ベーコン …… 1枚

仕上げに一味をぱらりとふれば、おつまみにもうってつけ。

しめじと揚げだまの煮びたし

下準備
- しめじは石づきを切り、小房に分ける。

※揚げだまはレンジ加熱後に加えてなじませ、一味は器に盛ってからふる。

【レンジ加熱時間】4分ほど
（1人分63kcal、塩分1.2g）

材料（2人分）
右記「あっさりつゆ」の材料
　…… 全量
しめじ …… 1パック（約100g）
揚げだま※ …… 大さじ2
一味唐辛子※ …… 少々

じゃことしょうがのダブルの風味で、気がきいた一品に。

パプリカとじゃこのしょうが煮びたし

材料（2人分）
右記「あっさりつゆ」の材料 …… 全量
ちりめんじゃこ …… 大さじ1
しょうがのせん切り …… 1/2かけ分
黄パプリカの薄切り …… 小1個分（約120g）
【レンジ加熱時間】4分ほど　（1人分47kcal、塩分1.3g）

「レンジ下ゆで」でしみしみ！ 大根煮もの

チンしてしわしわになったけど、
そのぶん煮汁を吸ったわ♡

煮ものといいつつ、
照り焼きだな。よし！

大根と鶏だんごの
照り煮

「レンジ下ゆで」した大根は、水分がしっかり
抜けてしぼみ、煮汁を吸いやすい状態に。
10分余り煮るだけで、味しみしみに仕上がります。
うまみたっぷりの鶏だんごとも相性抜群。

材料（2〜3人分）

大根（真ん中の部分）……14㎝（約600g）
鶏だんご
┌ 鶏ももひき肉……200g
│ しょうがのすりおろし……小さじ1
│ 片栗粉……大さじ½
└ 塩……少々
煮汁
┌ だし汁……1½カップ
│ しょうゆ、みりん……各大さじ3
└ 砂糖……小さじ2

1. 大根を「レンジ下ゆで」する

大根は皮をむき、幅3.5㎝の半月切りにする。耐熱のボー
ル（P50参照）に大根と、水1カップを入れる。ふんわりとラ
ップをし、竹串がすっと通るまで電子レンジで12〜15分
加熱する。湯をきってさます。

2. 鶏だんごを煮る

ボールに鶏だんごの材料を入れ、手でよく練り混ぜる。フ
ライパンに煮汁の材料を入れ、中火にかける。煮立ったら、
スプーンで鶏だんごを⅙量ずつすくい、落とし入れる。ふ
たをして弱めの中火にし、1分30秒煮る。上下を返して再
びふたをし、さらに1分30秒煮て、いったん取り出す。

3. 大根を煮て、仕上げる

2のフライパンに1の大根を入れ、落
としぶた※をして中火にかける。煮立
ったら弱めの中火にし、10分煮る（途
中、一度上下を返す）。落としぶたを
取り、2の鶏だんごを戻し入れる。強
火にし、照りが出るまで、汁けをとばし
ながら煮る。

（⅓量で240kcal、塩分3.0g）

※オーブン用シートをフライパンの直径に合わせて切り、中央に
穴をあけたもの。

大根と水をチン。

しぼんだら、味しみの準備完了！

煮汁がジュワッとしみた大根の煮もの。しみしみのカギは「下ゆで」ですが、
これをうんとラクにする方法があるんです。「レンジ下ゆで」なら、用意するのは水とボールだけ。
しかも、たった12分で下ゆでが完了します。極上のぶり大根もおでんも楽しめますよ！

料理／上田淳子
撮影／鈴木泰介
スタイリング／渡会順子
熱量・塩分計算／
五戸美香（ナッツカンパニー）

1. 大根を「レンジ下ゆで」して煮る

大根はP63の作り方 **1** と同様に切り、「レンジ下ゆで」する。フライパンに煮汁の材料と大根を入れ、落としぶた※をして中火にかける。煮立ったら弱火にし、10分煮て火を止める（途中、一度上下を返す）。

※オーブン用シートをフライパンの直径に合わせて切り、中央に穴をあけたもの。

2. 鶏みそをレンジで作り仕上げる

耐熱のボール（P50参照）に鶏みその材料を入れ、泡立て器でよく混ぜる。ふんわりとラップをして電子レンジで1分30秒加熱し、取り出して全体をよく混ぜる。再びふんわりとラップをし、電子レンジで1分30秒加熱する。器に **1** の大根を汁けをきって盛り、鶏みそをのせ、ゆずの皮を散らす。

（⅓量で166kcal、塩分1.8g）

材料（2〜3人分）

大根（真ん中の部分）
……14cm（約600g）

煮汁
| だし汁……1½カップ
| しょうゆ……小さじ1

鶏みそ
| 鶏ひき肉……100g
| みそ、みりん……各大さじ2
| 砂糖……大さじ1½

ゆずの皮のせん切り……適宜

鶏みそふろふき大根

大根のおいしさをシンプルに堪能したいなら、これ。甘みと柔らかさは極上です。仕上げのゆずで上品な香りに。

---

1. 大根を「レンジ下ゆで」する

大根はP63の作り方 **1** と同様に切り、「レンジ下ゆで」する。ぶりは半分に切り、酒大さじ1をからめて、5分ほどおく。水で洗い、水けをよく拭き取る。

2. 大根とぶりを煮る

フライパンに煮汁の材料と、**1** の大根、ぶりを入れ、落としぶた※をして中火にかける。煮立ったら弱めの中火にし、10分煮る（途中、一度上下を返す）。落としぶたを取って強火にし、汁けをとばしながらさっと煮る。

（⅓量で272kcal、塩分2.8g）

※オーブン用シートをフライパンの直径に合わせて切り、中央に穴をあけたもの。

材料（2〜3人分）

大根（真ん中の部分）
……14cm（約600g）

ぶりの切り身……2切れ

煮汁
| しょうがのせん切り……10g
| だし汁……1½カップ
| しょうゆ、みりん……各大さじ3
| 砂糖……小さじ1

酒

ぶり大根

ぶりのうまみと煮汁を含んだジューシーな大根が絶品！大根もぶりもいっしょに10分余り煮るだけだから手軽。

大根のシンプルおでん

おでんは、あえて具の種類をぐっとしぼり、大根を満喫するのもおすすめです。甘めの煮汁がよくしみて美味！

あっさり薄めな味もちゃんとしみしみになるね。

大根率が高くて、ぼく的には最高〜。

材料（2〜3人分）

大根（真ん中の部分）
……14㎝（約600g）
ゆで卵……2〜3個
さつま揚げ……2〜3枚
ちくわ（大）……2本
煮汁
| だし汁……3カップ
| みりん……大さじ4
| しょうゆ……大さじ2
| 塩……小さじ½

1. 大根を「レンジ下ゆで」する

大根はP63の作り方1と同様に切り、「レンジ下ゆで」する。さつま揚げは熱湯をかけて油抜きをする。ちくわは斜め半分に切る。

2. 大根とすべての具を煮る

鍋に煮汁の材料、1の大根、ゆで卵を入れて中火にかける。煮立ったら弱火にし、10分煮る。さつま揚げ、ちくわを加え、さらに5分煮る。

（⅓量で237kcal、塩分3.5g）

PART

3

Vegetable dish

野菜たっぷり
あえもの&サラダ

野菜の副菜は、電子レンジ活用の王道ジャンル。
オレペ読者でも、レンチンで野菜の下ゆでをしている人は多いよう。
ここでは、副菜の味つけや野菜のバリエを数多く紹介した企画が登場。
「レパートリーが広がった!」と絶賛されました。

ボールひとつでほぼ5分♪

料理／小林まさみ
撮影／原 幹和
スタイリング／黒木優子
熱量・塩分計算／五戸美香 (ナッツカンパニー)

青菜のレンチンあえもの

ほうれん草や小松菜を使ったあえものは、箸休めにぴったり。栄養価も高いので、積極的に食べたい食材です。
湯を沸かしてゆでる、というハードルをなくしてくれるのが「レンチンあえ」！
ほぼ5分でできる手軽さで、毎日作りたくなるはず。

ほうれん草で

これなら毎日作れる！
子どもにもっと食べさせよう。

「鍋でゆでなくていい」
って大きいよね。

小松菜で

「青菜のレンチンあえ」の作り方

② ボールに入れてレンチンする

耐熱のボール（P50参照）に、茎が下、葉が上になるようにして青菜を入れ、ふんわりとラップをかける。電子レンジでしんなりするまで2分30秒〜3分加熱し、全体を混ぜる。

① 青菜は根元を切り、ざく切りにする

ほうれん草、または小松菜（小1わ・約200g）はよく洗う。根元の堅い部分を切り落とし、長さ5〜6cmに切る。

ここ失敗しがち！
青菜は季節によってかなり茎の太さが変わるので、加熱時間を調整して。レンチン後、しんなりしていなければ、さらに30秒〜1分追加するのが正解。

ほうれん草も小松菜も、ざくざく切ってチンするだけ。
根元ぎりぎりで切り落とすので、泥を落とす作業もいりません。
チンしたあとの味つけは自由自在！

③ 粗熱を取り、水けを絞る

④ あえごろもとあえる

②のボールをざっと拭く。好みのあえご
ろもの材料を入れて混ぜ、青菜を加えて
あえる。

ほうれん草は

別のボールに水をはり、②をさらしてアクを抜
く。ボールの水を何度か替え、粗熱が取れた
ら取り出して水けをよく絞る。

スプーンも使うと
味がよくいきわたるね！

小松菜は

ざるに上げ、粗熱を取って水けをよく絞る。

次ページから
いろんな
あえごろもが登場！

たっぷりのごまで香り豊かに。

白ごまあえ

材料（2人分）

青菜……小1わ（約200g）

あえごろも

| 白すりごま……大さじ2
| 砂糖、しょうゆ……各小さじ2

（1人分89kcal、塩分0.9g）

梅の酸味でさっぱりとした箸休めに。

梅あえ

材料（2人分）

青菜……小1わ（約200g）

あえごろも

| 梅干し（大・種を除き包丁でたたく）
| 　……1個
| しょうゆ、みりん……各小さじ1/2

（1人分26kcal、塩分0.9g）

サラダ風のさわやかなおいしさ。

ゆかりじゃこあえ

材料（2人分）

青菜……小1わ（約200g）

あえごろも

| ちりめんじゃこ……大さじ2
| ゆかり……小さじ1 1/2
| オリーブオイル……小さじ2

（1人分69kcal、塩分0.8g）

ゆかりとオリーブオイル
って新鮮♥

「シンプルあえ」

あえごろもを替えるだけで、印象ががらりと変わります。こっくり系、さっぱり系といろいろできるので、メイン料理に合わせて選んで。

P70〜71の共通の作り方 P68〜69「青菜のレンチンあえ」の作り方を参照し、同様に作る。

ただし、作り方④であえごろもの材料を替える。「青菜」はほうれん草、小松菜のどちらで作ってもOK。

こくうま味でおつまみにも◎。

おかか
クリームチーズあえ

材料（2人分）

青菜……**小1わ**（約200g）

あえごろも

> **クリームチーズ**（1.5cm角に切る）
> ……**50g**
> **削り節**……**大さじ3**
> **しょうゆ**……**小さじ1½**

（1人分106kcal、塩分0.8g）

塩昆布のうまみがあとを引く!

塩昆布あえ

材料（2人分）

青菜……**小1わ**（約200g）

あえごろも

> **塩昆布**……**大さじ1**
> **ごま油**……**小さじ2**

（1人分53kcal、塩分0.5g）

つぶつぶ感が楽しいピリ辛味。

明太子あえ

材料（2人分）

青菜……**小1わ**（約200g）

あえごろも

> **辛子明太子**（身をこそげ取る）
> ……**½はら**（約40g）
> **ごま油**……**小さじ2**
> **しょうゆ**……**小さじ¼**

（1人分76kcal、塩分1.2g）

「ボリュームあえ」

ツナ、ちくわ、魚缶などのうまみ素材とあえれば、手間いらずでボリュームアップ。調理時間はほぼ変わらず、満足感は急上昇しますよ。

さばみそあえ

甘辛みそ味とごまの風味でご飯がすすむ！

材料（2人分）

青菜……小1わ（約200g）
具
　さばのみそ煮缶詰（200g入り
　・粗くほぐす）……½缶
あえごろも
　白すりごま……大さじ1
　さばのみそ煮缶詰の缶汁……小さじ2
　しょうゆ……小さじ¼

（1人分139kcal、塩分0.6g）

油揚げめんつゆあえ

ほっこり甘いめんつゆに、辛子でメリハリを。

材料（2人分）

青菜……小1わ（約200g）
具
　油揚げ……1枚※
あえごろも
　めんつゆ（2倍希釈）……大さじ1
　練り辛子……小さじ½

※熱湯を回しかけ、粗熱が取れたら水けを絞る。縦半分に切り、横に幅5mmに切る。あえごろもと青菜をあえてから加え、さらにあえる。

（1人分81kcal、塩分0.6g）

ちくわののりチーズあえ

のりのつくだ煮とチーズが意外な名コンビ！

材料（2人分）

青菜……小1わ（約200g）
具
　ちくわ（斜め薄切りにする）
　……1本（約40g）
　スライスチーズ（一口大に切る）
　……1枚
あえごろも
　のりのつくだ煮……大さじ1

（1人分89kcal、塩分1.3g）

この味なら子どもたちも喜んで食べそう！

P72〜73の共通の作り方 P68〜69「青菜のレンチンあえ」の作り方を参照し、同様に作る。
ただし、作り方④であえごろもの材料とともに具を加える。「青菜」はほうれん草、小松菜のどちらで作ってもOK。

かにかまのシーザーサラダ風

チーズとにんにくで食欲そそる味わいに！

材料（2人分）

青菜……**小1わ**（約200g）
具

　かに風味かまぼこ（粗くほぐす）……**2〜3本**（約30g）

あえごろも

　粉チーズ、オリーブオイル……**各大さじ1**
　にんにくのすりおろし、塩、粗びき黒こしょう……**各少々**

●仕上げに粉チーズ、粗びき黒こしょう各少々（分量外）をふる。

（1人分99kcal、塩分0.7g）

ツナマスタードあえ

粒マスタードの酸味と辛みがアクセント。

材料（2人分）

青菜……**小1わ**（約200g）
具

　ツナ缶詰（70g入り・
　　缶汁をかるくきる）……**½缶**

あえごろも

　粒マスタード……**小さじ1½**
　オリーブオイル……**小さじ2**
　酢……**小さじ1**
　塩、こしょう……**各少々**

（1人分96kcal、塩分0.7g）

とろっとした卵黄が青菜とサーモンのまとめ役。

サーモンの黄身じょうゆあえ

材料（2人分）

青菜……**小1わ**（約200g）
具

　サーモンの刺し身（縦半分に切る）
　　……**6切れ**

あえごろも

　しょうゆ……**小さじ2½**
　卵黄……**2個分**※

※青菜を器に盛ってからのせ、あえながらいただく。

（1人分185kcal、塩分1.2g）

栄養を逃がさず賢く調理。

ブロッコリーは「レンチン」が正解!

「野菜がたりない」と思ったとき、もしひとつだけ選ぶなら、ブロッコリーが正解!
いろんな栄養素がいっぺんにとれる、「コスパ」のいい野菜なんです。
そして、ゆでずにレンチンすることで、栄養を逃がさずとれますよ。

料理／牧野直子
撮影／南雲保夫
スタイリング／佐々木カナコ
熱量・塩分計算／五戸美香 (ナッツカンパニー)

材料（作りやすい分量）
ブロッコリー……1株（約250g）

ストックできるから一株まとめて！

レンチンブロッコリー

ブロッコリーにはこんなに栄養が！

栄養たっぷりのブロッコリーですが、ビタミンCが突出して多く、100gあたりの含有量はなんとレモン以上！肌の保湿や美白に効果のあるβ-カロテン、ビタミンC・Eをすべて含み、「若返りの野菜」と称されることも。また食物繊維の量は緑黄色野菜のなかでトップクラス。がん予防効果で一躍話題になった「スルフォラファン」も含み、加熱しても効果が期待できるといわれています。

なぜ「レンチン」がいいの？

ブロッコリーの持つビタミンのなかには、水溶性のものも。ゆでると湯の中に流れ出てしまいます。レンチンで「蒸す」なら、流出は最少限に。味の面でも、甘みや香りをキープしやすく、コリッとした食感を残しやすいのがメリットです。

①小房に分け、茎も棒状に切る

ブロッコリーのつぼみは4cm大くらいの小房に分ける。茎は根元を5mmほど切り落とし、長さを半分に切る。皮を厚めにむき、1cm角の棒状に切る。茎も栄養たっぷりなので、捨てないで使う。

②レンジで3分加熱し、余熱で火を通す

つぼみと茎をかるく洗い、水けをきらずに、大きめの耐熱皿に並べる。ふんわりとラップをかけて縁をぴったり閉じ、電子レンジで3分加熱する。そのまま3〜4分おき、ラップをはずして粗熱を取る。

●冷蔵で3日保存OK！
※保存容器にペーパータオルを敷いて入れる。

作り置きできるの便利。お弁当にも使おう！

コリッと感が絶妙なんだよな〜。

ここ失敗しがち！
完全に柔らかくなるまで加熱すると、余熱が通って歯ごたえがなくなってしまいます。「一歩手前」で加熱をやめるのがコツ！

ブロッコリーと卵の
ポテトサラダ

いもは大きめにつぶし、食べごたえUP。
粒マスタードが味のアクセントに。

材料（2人分）
P75の「レンチンブロッコリー」……1株分（約250g）
じゃがいも……1個
ゆで卵……1個
ハム……2枚
粒マスタード……小さじ2
マヨネーズ　塩　こしょう

① じゃがいもは皮をむいて一口大に切り、5分ほど水に
さらす。ゆで卵は殻をむいてフォークで粗くつぶす。
ハムは半分に切ってから、幅1cmに切る。

② 鍋にじゃがいもを入れ、たっぷりの水を加えて中火
にかける。煮立ってから10分ほどゆで、湯を捨てて
再び中火にかける。水けがとんだらボールに入れて
粗くつぶし、ブロッコリー、ゆで卵、ハムを加えて混
ぜる。マヨネーズ大さじ3、粒マスタードと、塩ふた
つまみ、こしょう少々を加えてあえる。
（1人分288kcal、塩分1.8g）

ブロッコリーの
温たまシーザーサラダ

粉チーズと卵で濃厚な味わい。全体をよく混ぜてどうぞ。

① ベーコンは5mm角の棒状に切
る。バゲットはオーブントース
ターで2〜3分焼き、取り出す。
ドレッシングの材料を混ぜる。

② フライパンを中火で熱してベー
コンを入れ、脂を拭き取りながら
カリッと炒める。器にブロッコリ
ーを盛り、バゲットを割り入れる。
ベーコン、温泉卵を順に盛り、
粉チーズとドレッシングをかけ、
粗びき黒こしょう少々をふる。
（1人分363kcal、塩分2.1g）

材料（2人分）
P75の「レンチンブロッコリー」
　　……1株分（約250g）
ベーコン（ブロック）……50g
バゲットの薄切り……8枚
温泉卵……1個
粉チーズ……大さじ3
フレンチドレッシング
　┌ オリーブオイル……大さじ1½
　├ レモン汁……大さじ½
　└ 塩……小さじ¼
粗びき黒こしょう

「レンチンブロッコリー」をおかずサラダに!

歯ごたえのあるブロッコリーに肉や卵を少したせば、満足感のあるサラダに。味にくせがないので、和洋中どんな味つけでもよく合います。

ブロッコリーの焼き肉サラダ

甘辛味の牛肉と、ごま油であえたブロッコリーが相性抜群。

① ブロッコリーは塩少々と、ごま油小さじ1であえる。

② フライパンにサラダ油小さじ2を中火で熱して牛肉を炒め、色が変わったら焼き肉のたれを加えて全体にからめる。器にブロッコリーを並べ、牛肉、しらがねぎをのせる。

（1人分353kcal、塩分1.1g）

材料（2人分）
P75の「レンチンブロッコリー」
　　……1株分（約250g）
牛こま切れ肉……150g
しらがねぎ……½本分
焼き肉のたれ……大さじ1
塩　ごま油　サラダ油

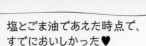
塩とごま油であえた時点で、すでにおいしかった♥

ブロッコリーとひじきの棒棒鶏サラダ
（バンバンジー）

酸味のきいたごまだれが、
ブロッコリーの甘みを引き立てます。

材料（2人分）
P75の「レンチンブロッコリー」……1株分（約250g）
鶏ささ身（筋なし）……2本（約100g）
ごまだれ
┌ 練りごま、ポン酢しょうゆ……各大さじ2
└ 鶏ささ身の蒸し汁……大さじ1
芽ひじき（乾燥）……5g
玉ねぎの薄切り……¼個分
ポン酢しょうゆ……小さじ1
塩　こしょう　酒

① ささ身は耐熱皿に入れて塩、こしょう各少々、酒大さじ1をふる。ふんわりとラップをかけ、電子レンジで2分加熱してそのまま2分ほど蒸らし（蒸し汁はとっておく）、粗熱を取って細かく裂く。ごまだれの材料を混ぜ合わせる。

② ひじきはたっぷりの水で10分ほどもどし、熱湯でさっとゆでてざるに上げる。熱いうちにポン酢を混ぜ、粗熱を取る。玉ねぎはさっと水にさらし、水けをよくきる。ブロッコリー、ささ身、ひじき、玉ねぎを混ぜて器に盛り、ごまだれをかける。

（1人分213kcal、塩分1.9g）

「レンチンブロッコリー」を あえものに!

レンチンブロッコリーさえあれば、1分で完成する速攻あえものをご紹介。
切る手間のない具がほとんどなので、ほんとに速攻で出せますよ。

かくし味のしょうゆでご飯に合う味に。

ブロッコリーの ツナマヨあえ

材料 (2人分)

P75の「レンチンブロッコリー」
……½株分(約130g)

ツナ缶詰(80g入り・缶汁をきる)
……1缶

マヨネーズ　しょうゆ

作り方
ボールにブロッコリーを入れ、ツナの缶汁をきって加える。マヨネーズ大さじ1、しょうゆ小さじ1を加えてあえる。
（1人分157kcal、塩分0.9g）

塩昆布のうまみが決め手♪

ブロッコリーの納豆あえ

材料 (2人分)

P75の「レンチンブロッコリー」……½株分(約130g)

納豆……1パック(40g)

塩昆布……5g

作り方
ボールに納豆を入れて添付のたれであえ、ブロッコリー、塩昆布を加えてあえる。　（1人分65kcal、塩分0.7g）

納豆と合わせる?　こりゃもう
最強のヘルシー副菜だね。

ちぎったのりの香りがポイント!

ブロッコリーののりキムチあえ

材料 (2人分)

P75の「レンチンブロッコリー」……½株分(約130g)

白菜キムチ……50g

焼きのり……適宜

作り方
キムチは細かく刻んでボールに入れる。ブロッコリーを加えてあえ、器に盛る。のりをちぎって散らす。

（1人分33kcal、塩分0.6g）

料理／市瀬悦子
撮影／寺澤太郎
スタイリング／渡会順子
熱量・塩分計算／五戸美香（ナッツカンパニー）

ずぼらさんの
強〜い味方!?

頼れる！「皿チン副菜」

「食べる器」でチンすれば、そのまま食卓へGO！

ごはん作りがめんどうなときは、作るのも洗いものもラクなのがいい。
とにかく手間なしで一品できちゃうから、手抜き気分のときに頼れる強〜い味方です。

いただきまーす。

お皿でチン！

※皿は電子レンジ加熱ができる、
耐熱のものを必ず使用してください。

こ、これはやばい！　食べはじめたら止まらなくなった。

とまらんピーマン

ごま油香る甘じょっぱ味で、「箸がとまらん！」。削り節を全体に混ぜて食べると、たれを吸って美味。

材料（2人分）

ピーマン……5個（約150g）
ちりめんじゃこ……大さじ2
甘辛だれ
　｜ごま油……大さじ1
　｜しょうゆ……大さじ½
　｜砂糖……小さじ1
削り節……½パック（約1.5g）

② レンチンする。以上!

ふんわりとラップをかけ、電子レンジで2分30秒ほど加熱する。やけどに気をつけながら皿を取り出す。ラップをはずして皿の中でざっと混ぜ、削り節をのせる。

（1人分88kcal、塩分1.0g）

① 皿に具を入れ、たれ投入。

ピーマンは縦半分に切ってへたと種を取り、横に幅5mmに切る。直径20cmほどの耐熱皿にピーマン、ちりめんじゃこを入れ、甘辛だれの材料をかける。

「5個!?」と思ったけど、ペロッと食べちゃった（笑）。

洋風とまらんピーマン

ケチャップ&チーズでピザ風味に。
こく出しの中濃ソースが「とまらん」ヒミツ。

材料（2人分）

ピーマン……5個（約150g）
ウインナソーセージ……3本
ケチャップだれ
| オリーブオイル……大さじ½
| トマトケチャップ……大さじ1
| 中濃ソース……小さじ1
粉チーズ……適宜

① 皿に具を入れ、たれ投入。

ピーマンは縦半分に切ってへたと種を取り、横に幅5mmに切る。ウインナソーセージは斜め薄切りにする。直径20cmほどの耐熱皿にピーマン、ソーセージを入れ、ケチャップだれの材料をかける。

② レンチンする。以上！

右ページの作り方②を参照して同様に加熱し、粉チーズをふる。

（1人分149kcal、塩分1.0g）

レンチン！

レンチン！

しみじみ系とまらんピーマン

塩昆布とちくわが、ごま油とからんで和風ナムルに。
かめばかむほど、しみじみおいしい！

材料（2人分）

ピーマン……5個（約150g）
ちくわ……2本
塩昆布……10g
塩だれ
| ごま油……大さじ1
| 塩……少々
白すりごま……適宜

① 皿に具を入れ、たれ投入。

ピーマンは縦半分に切ってへたと種を取り、横に幅5mmに切る。ちくわは薄い小口切りにする。直径20cmほどの耐熱皿にピーマン、ちくわ、塩昆布を入れ、塩だれの材料をかける。

② レンチンする。以上！

右ページの作り方②を参照して同様に加熱し、白すりごまをふる。

（1人分110kcal、塩分1.6g）

しあわせバターにんじん

たらこバターがにんじんの甘みを引き立てて、「にんじんってこんなに甘かった?」と実感。なんともあと引くハッピーな味です。

レンチン!

材料(2人分)

にんじん……1本(約150g)
たらこ(小)……1はら(約60g)
バターしょうゆだれ
| バター(小さくちぎる)……15g
| 塩、こしょう……各少々
| しょうゆ……大さじ½

下準備

● にんじんは皮をむいて、スライサーでせん切りにする。
● たらこは薄皮を除いてほぐす。

① 皿に具を入れ、たれ投入。

直径20cmほどの耐熱皿ににんじんを入れ、たらこを散らしてバターしょうゆだれの材料をかける。

② レンチンする。以上!

P80の作り方②を参照して同様に加熱する。ただし加熱時間を3分30秒にし、加熱後に皿の中でたらこをほぐしながら混ぜる。

(1人分128kcal、塩分2.3g)

居酒屋えのき

〈えのきのホイル焼き〉をレンチンで。バターしょうゆは、ご飯にもお酒にも合う万能味!

材料(2人分)

えのきだけ……大1袋(約200g)
ベーコン……2枚
バターしょうゆ
| バター(小さくちぎる)……10g
| しょうゆ……大さじ½
一味唐辛子

① 皿に具を入れ、たれ投入。

えのきは根元を切り落とし、8等分にする。ベーコンは幅1cmに切る。直径20cmほどの耐熱皿にえのき、ベーコンを入れ、バターしょうゆの材料をかける。

② レンチンする。以上!

P80の作り方②を参照して同様に2分30秒ほど加熱し、一味唐辛子少々をふる。

(1人分144kcal、塩分1.1g)

レンチン!

底なし甘ずっぱなす

ごま油のきいた甘酢しょうゆがなんとも食欲
そそる味！「底なし」に食べたくなります。

① 皿に具を入れ、たれ投入。

なすはへたを切って縦に5～6mm
角の棒状に、ロースハムは半分
に切って幅5mmに切る。直径20
cmほどの耐熱皿になす、ハムを入
れ、甘酢だれの材料をかける。

② レンチンする。以上！

P80の作り方②を参照して同様
に加熱する。ただし加熱時間を3
分にし、白いりごまをふり、好みで
練り辛子適宜を添える。

（1人分114kcal、塩分1.4g）

材料（2人分）

なす……2個（約160g）
ロースハム……2枚
甘酢だれ
┃ しょうゆ、酢、砂糖、
┃ 　ごま油……各小さじ2
白いりごま……適宜
好みで練り辛子

レンチン！

レンチン！

お祭りソースもやし

中濃ソースと青のりをかけたら、屋台の焼きそばの味!?
ウインナソーセージで食べごたえも◎。

材料（2人分）

もやし……1袋（約200g）
ウインナソーセージ……3本
塩だれ
┃ サラダ油……大さじ½
┃ 塩……ひとつまみ
┃ 粗びき黒こしょう……少々
青のり……適宜
中濃ソース

① 皿に具を入れ、たれ投入。

ソーセージは縦に細切りにする。もやしはひ
げ根を取る。直径20cmほどの皿にもやし、ソー
セージを入れ、塩だれの材料をかける。

② レンチンする。以上！

P80の作り方②を参照して同様に加熱する。
ただし加熱時間を3分にし、中濃ソース適宜
をかけ、青のりをふる。

（1人分144kcal、塩分1.1g）

割ったら身が
ジューシーで驚いた！

蒸しなす

料理／小林まさみ
撮影／寺澤太郎（P84のみ）　中村淳
スタイリング／佐々木カナコ
熱量・塩分計算／
五戸美香（ナッツカンパニー）

蒸しなす

材料（2人分）

なす（大）……3個（約300g）

削り節……適宜

しょうゆ

> **ここ失敗しがち！**
> 野菜をまるごとチンするときは、加熱むらを防ぐ工夫が必要。なすの表面をぬらしておくことで、熱が全体にいきわたるんです。地味な工程ですがお忘れなく！

3.電子レンジで蒸す

電子レンジに入れ、4分ほど加熱する。やけどに注意して取り出し、奥側からラップをはずす。

1.なすの皮をむき、水につける

なすはへたを切り、ピーラーで皮をしま目に3カ所むく。ボールに水をはり、なすをさっとくぐらせる。

みずみずしいなすの身をシンプルに堪能できる蒸しなす。まるごとレンチンすることで、身の水分を閉じこめたまま、しっとりと仕上がります。

4.火の通りをチェックし、仕上げる

なすのいちばんふくらんでいるところを菜箸ではさんでみて、少し食い込むくらい柔らかくなっていれば蒸し上がり。そのまま粗熱を取り、食べやすく裂く。器に盛って削り節、しょうゆ各適宜をかける。

（1人分34kcal、塩分0.7g）

2.なすを耐熱皿に並べ、ラップをかける

耐熱皿になすを並べ、端をあけるようにしてふんわりとラップをかける。空気の通り道を作っておくと、加熱後に真空状態になってなすがつぶれる心配がない。

 皮の色がきれいなのもいいよね♪

5分でできる! 絶品蒸しなすアレンジ

1. 蒸しなすは一口大の乱切りにし、水けをよく拭き取る。器に盛り、しらがねぎをのせる。

2. 中華風ねぎだれの材料をよく混ぜ、**1**に回しかける。

（1人分74kcal、塩分1.4g）

材料（2人分）

P85の「蒸しなす」……全量

中華風ねぎだれ

- ねぎのみじん切り……2cm分
- にんにくのすりおろし……少々
- しょうゆ……大さじ1
- 酢……大さじ½
- 砂糖、ごま油……各小さじ1
- 豆板醤（トウバンジャン）……小さじ¼

トッピング用のしらがねぎ

……適宜

「中華風ねぎだれ」をかけて。

豆板醤でピリッと辛みをきかせます。

1. 蒸しなすは幅1.5cmの輪切りにし、水けをよく拭き取る。

2. ボールにツナ缶を缶汁ごと入れ、マヨネーズ大さじ1、みそ小さじ1〜1½を加えてよく混ぜる。なすを加えてざっとあえ、器に盛って万能ねぎを散らす。

（1人分137kcal、塩分0.7g）

材料（2人分）

P85の「蒸しなす」……全量

ツナ缶詰（80g入り）……½缶

万能ねぎの小口切り……適宜

マヨネーズ　みそ

「ツナマヨみそ」であえて。

ツナのうまみ、みその塩けがこっくり濃厚！

あっさりとした蒸しなすは、アレンジ自在なところも魅力。味つけはもちろん、輪切り、乱切り、裂くと
形を変えるだけでも食感の違いを楽しめます。蒸しなすの水けを拭いてから使うのが、味が決まるコツ！

「ザーサイナムル」に。

ザーサイとごま油の香りが食欲をそそります！

材料（2人分）

P85の「蒸しなす」…… 全量
ザーサイ（びん詰）…… 大さじ2（約20g）
白いりごま…… 大さじ1/2
しょうゆ　ごま油

1. 蒸しなすは手で縦に細く裂く。ザーサイは
細切りにする。
2. ボールにザーサイ、白いりごまと、しょうゆ、
ごま油各小さじ1を入れて混ぜ、なすを加えて
ざっとあえる。　　（1人分72kcal、塩分1.1g）

「カルパッチョ風」に。

ゆずこしょうとじゃこの組み合わせが新鮮。

材料（2人分）

P85の「蒸しなす」…… 全量
プチトマト……2個
ちりめんじゃこ……大さじ2
ゆずこしょうだれ
| ゆずこしょう……小さじ1/3
| 酢……小さじ2
| しょうゆ……大さじ1/2
| 砂糖……小さじ1/4
| サラダ油……大さじ1

1. 蒸しなすは薄い輪切りにし、水けをよく拭き取って、
皿に並べる。プチトマトは横半分に切って種を取り、5
mm角に切る。じゃことともになすに散らす。
2. ゆずこしょうだれの材料を混ぜ、**1**に回しかける。
　　　　　　　　　　　　　（1人分108kcal、塩分1.2g）

もやしナムル

歯ごたえのいい大豆もやしで
あとを引くナムルに。
レンチンなら水っぽくなりにくく、
塩味がばっちり決まります。
ストックできるのも便利。

もやしナムル

材料（作りやすい分量）

大豆もやし……1袋（約200g）

ナムルだれ

ごま油……大さじ1
塩……小さじ¼
こしょう……少々

ド定番のシンプルな味。
飽きがこなくていいな。

これぼくもすき。まめが
こりこりしてておいしい。

料理／市瀬悦子
撮影／木村拓（東京料理写真）
スタイリング／深川あさり
熱量・塩分計算／本城美智子

アレンジしてもおいしい！

混ぜご飯の具に。
焼きとり缶を使って、スピーディに完成。

材料（2人分）
右記の「もやしナムル」……**全量**
焼きとり缶詰（85g入り）……**1缶**
白菜キムチ……**60g**
温かいご飯
　　……**茶碗2杯分強（約350g）**
万能ねぎの小口切り……**適宜**

作り方
白菜キムチは細かく刻む。ボールに温かいご飯、もやしナムル、キムチと、焼きとり缶詰を缶汁ごと入れ、混ぜ合わせる。器に盛り、万能ねぎの小口切りを散らす。

（1人分467kcal、塩分1.9g）

ユッケ丼にのせて。
みずみずしいナムルが、ちょうどいい箸休め役！

材料（2人分）
右記の「もやしナムル」……**全量**
まぐろの刺し身（赤身・切り落とし）
　　……**100g**
コチュジャンだれ
　┃ コチュジャン、しょうゆ、ごま油
　┃ 　　……**各大さじ½**
　┃ 砂糖……**小さじ½**
温かいご飯
　　……**どんぶり2杯分（約400g）**
卵黄……**2個分**
白いりごま……**適宜**

作り方
ボールにコチュジャンだれの材料を入れて混ぜ、まぐろの刺し身を加えてあえる。器に温かいご飯を盛り、まぐろ、もやしナムルをのせる。卵黄を1個分ずつのせ、白いりごまを散らす。

（1人分605kcal、塩分1.7g）

1. もやしをレンジで加熱する
大豆もやしはひげ根を取り、50℃の湯に1分ほど浸してシャキッとさせ、水けをきる。口径約22cmの耐熱のボールに入れ、ふんわりとラップをかけて電子レンジで2分30秒加熱する。取り出して、ラップをかけたまま1分ほどおく。

> **ここ失敗しがち！**
> もやしがもっとも吸水しやすい温度といわれるのが「50℃」。熱湯：水道水を1:1で混ぜるのが目安です。

2. ナムルだれであえる
ざるに上げ、しっかりと水けをきる。ナムルだれの材料を加えてあえる。

（全量で185kcal、塩分1.5g）

●冷蔵で2〜3日保存OK！

豆苗のあえもの

いつもゆですぎるのに、
これはうまくいった！

シャキシャキ感が命の豆苗。
ほんの2分レンチンすれば
絶妙な「半生状態」になるんです。
まずはシンプルに塩昆布あえで
豆苗の歯ざわりを楽しんで。

料理／小林まさみ
撮影／広瀬貴子
スタイリング／浜田恵子
熱量・塩分計算／
五戸美香（ナッツカンパニー）

豆苗とかにかまの
ナムル風

焼きのりはしんなりしすぎないよう、
最後に加えて。

材料（2人分）と作り方
右記の作り方**1**を参照し、豆苗のざく切り1
袋分を同様にレンジで加熱して水けを絞る。
ボールにごま油大さじ½、塩少々を混ぜ、豆
苗と、かに風味かまぼこ2〜3本を粗くほぐし
て加える。ざっとあえ、焼きのり（全形）1枚を
ちぎって加え、ひと混ぜする。

（1人分66kcal、塩分0.7g）

豆苗の
納豆キムチあえ

パンチのある納豆キムチがやみつき！

材料（2人分）と作り方
右記の作り方**1**を参照し、豆苗のざく切り1
袋分を同様にレンジで加熱して水けを絞る。
ボールに納豆（小粒）1パック（40g）、粗く刻
んだ白菜キムチ60g、ごま油小さじ1、しょう
ゆ小さじ½を混ぜる。豆苗を加え、ざっとあ
える。　　　　　（1人分90kcal、塩分0.8g）

豆苗とわかめの
辛子めんつゆあえ

わかめをたっぷり合わせ、味わい深く。

材料（2人分）と作り方
カットわかめ（乾燥）大さじ2はたっぷりの水
で5分ほどもどし、水けを絞る。右記の作り方
1を参照し、豆苗のざく切り1袋分を同様にレ
ンジで加熱して水けを絞る。ボールにめんつ
ゆ（2倍希釈）小さじ1½、練り辛子小さじ⅓
を混ぜ、豆苗、わかめを加えてざっとあえる。
ごま油小さじ1を加え、ひと混ぜする。

（1人分44kcal、塩分0.4g）

豆苗とセロリの塩昆布あえ

セロリと塩昆布のコンビで、
あと引くおいしさに！

材料（2人分）

豆苗のざく切り
　……1袋分（正味約130g）

セロリの茎の細切り
　……½本分（約50g）

塩昆布だれ
　塩昆布……大さじ1½
　白いりごま……大さじ½
　酢……小さじ1

1. 豆苗をレンジで加熱する

耐熱皿（P14参照）に豆苗を広げ、
ふんわりとラップをかけて電子レン
ジで2分ほど加熱する。取り出して
粗熱を取る。

ここ失敗しがち！
レンチン直後はシャキッと
張りがあり、かなり生っぽ
い状態ですが心配なし。
茎が細いぶん、あっという
間に余熱が入ります。

2. 味つけする

ボールにたれの材料を混ぜ、セロリ
と、豆苗の水けを絞って加え、全体
をあえる。

（1人分40kcal、塩分0.7g）

ちょっと酢が入るから、
後味がさっぱりするね。

マグカップスープ

材料を入れて 3分チン！

晩ごはんのあと一品にも、朝ごはんや夜食にも、あるとうれしいのがスープ。マグカップに材料をすべて入れ、チンするだけなら超カンタンです。どれも包丁いらずで気軽に作れますよ！

料理／小田真規子
撮影／柿崎真子
スタイリング／諸橋昌子
熱量・塩分計算／亀石早智子

粒マスタードのほどよい
酸味が味のアクセント。

ソーセージと
トマトのスープ

材料（1人分）

具

| ウインナソーセージ……2本
| キャベツの葉（大）……1枚（約60g）
| プチトマト……2個

煮汁

| 塩……小さじ⅓
| 粗びき黒こしょう……少々
| 水……¾カップ

トッピング

粒マスタード……少々

具の下準備

ソーセージは半分に折る。キャベツは一口大にちぎる。プチトマトはへたを取る。

加熱時間　3分30秒ほど

（156kcal、塩分2.5g）

4品共通の作り方

「具」は下準備し、マグカップに入れる。「煮汁」の材料を加え、ふんわりとラップをかけて電子レンジで加熱する（時間は各レシピ参照）。あればトッピングをし、全体をよく混ぜながら食べる。

マグカップについて

電子レンジ対応で、容量350〜400㎖のものを使っています。なるべく口径の大きいものが混ぜやすくておすすめ。また、加熱直後はカップが熱いので、やけどに注意して取り出してください。

かつおのいい香り〜。
だし不要なんてうれしいね。

みそはレンチン後にのせ、
溶かしながら飲むと風味豊か。

ミックスベジタブル
の豆乳みそ汁

材料（1人分）

具

| ベーコン……1枚
| ミックスベジタブル……50g

煮汁

| 豆乳……½カップ
| 水……⅓カップ

トッピング

| みそ……大さじ1

具の下準備

ベーコンは幅2cmに切る。

加熱時間　3分ほど

（181kcal、塩分2.6g）

濃厚なオイスターソースに酢を加え、
後味さっぱり。

エスニック
スープ春雨

材料（1人分）

具

| 春雨……20g
| にら……4本
| ツナ缶詰（100g入り）……½缶

煮汁

| オイスターソース……小さじ2
| 酢、ごま油……各小さじ1
| こしょう……少々
| 水……1カップ

具の下準備

春雨はキッチンばさみで長さを半分に切り、に
らは長さ5〜6cmに切る。ツナ缶は缶汁をきる。

加熱時間　3分ほど

（244kcal、塩分1.8g）

春雨、乾いたまま入れて
いいの？　びっくり！

ふわっとソフトなはんぺんと、
具の食感が楽しい。

スナップえんどう
のみそ汁

材料（1人分）

具

| スナップえんどう……4個
| はんぺん……½枚（約50g）

煮汁

| みそ……大さじ1
| 削り節……½パック（約2g）
| 水……¾カップ

具の下準備

スナップえんどうはへたと筋を取って半
分に折る。はんぺんは一口大にちぎる。
みそと削り節を混ぜる。

加熱時間　3分ほど

（102kcal、塩分3.0g）

PART

4

Noodle&rice

1人分をパパッと！
具だくさんご飯と麺

1人分のごはんは、できるかぎりラクに、洗いものを出さずに作りたい。
そんなニーズにぴったりなのが、レンチンご飯や麺もの。
パスタ風の味つけが新鮮な冷凍うどん企画から、炒飯、焼きそばまでずらり！
肉や野菜をいっしょにチンできて「具だくさん」なのも、高評価でした。

子どもたちに大ウケ★
「お代わり〜」だって。

「冷凍うどん」は
パスタ感覚で!

料理／小林まさみ
撮影／野口健志
スタイリング／阿部まゆこ
熱量・塩分計算／本城美智子

1人分のランチや夜食には、「冷凍うどん」が強い味方。凍ったままレンジで調理できてラクチンなんです。
おまけに肉や野菜もいっしょにチンできるから、具だくさんに仕上がるのもうれしい♪
パスタのような味つけと具でおしゃれに楽しんで。

うどんも具も一気にチン？
ぼくでもできるな。

定番
パスタ
感覚で!

ナポリタンやカルボナーラなど、
パスタのおなじみメニューをアレンジ。
もちもちしたうどんに
洋風ソースがよくからんで、
意外に「アリ」となるはず!

材料（1人分）
冷凍うどん……1玉
ピーマン……1個
トマト（小）……½個（約50g）
玉ねぎの薄切り……⅙個分（約30g）
ウインナソーセージ……2本
粉チーズ……適宜
好みでタバスコ^R……適宜
トマトケチャップ　塩　こしょう
オリーブオイル

① 具を用意する

ピーマンはへたをくりぬいて種を取り、幅7mm
の輪切りにする。トマトはへたを切り、2cm角に
切る。ソーセージは斜めに幅1cmに切る。

② うどんと具をレンジにかけ、仕上げる

チン！

耐熱皿（P14参照）に、うど
んを袋から出してのせ、トマ
トをのせる。ケチャップ大さ
じ2、塩、こしょう各少々を
混ぜてかけ、玉ねぎ、ソー
セージ、ピーマンを順にの
せる。ふんわりとラップをか
け、電子レンジで7分ほど加熱する。オリー
ブオイル大さじ1を加え、ほぐしながらあえる。
器に盛り、粉チーズと、好みでタバスコ^Rをか
けていただく。　　　（568kcal、塩分3.4g）

ナポリタンうどん

ケチャップ&粉チーズで、大人も子どもも大好きな王道味が即完成!

スパゲティより味がしっかり
ついてる。ケチャップしみしみ♪

カルボナーラうどん

卵とチーズの濃厚なソースがからみ、たまらないおいしさに。

① 具を用意し、ソースを作る

アスパラは根元の堅い部分を折り、下から3cmほどのところまでピーラーで皮をむいて、斜めに幅1cmに切る。ベーコンは幅1cmに切る。大きめのボールにカルボナーラソースの材料を混ぜる。

② うどんと具をレンジにかけ、仕上げる

耐熱皿(P14参照)に、うどんを袋から出してのせ、アスパラ、ベーコンを順にのせる。ふんわりとラップをかけ、電子レンジで5分ほど加熱する。熱いうちに①のボールに加えて、ほぐしながらあえる。器に盛り、粗びき黒こしょう少々をふる。　（604kcal、塩分2.7g）

材料（1人分）

冷凍うどん……1玉
グリーンアスパラガス
　……2〜3本（約50g）
ベーコン……2枚
カルボナーラソース
┃ 卵黄……1個分
┃ 粉チーズ、バター
┃ 　……各大さじ1
┃ 塩……少々
粗びき黒こしょう

① 具を用意し、ソースを作る

れんこんは皮をむき、できるだけ薄い輪切りにして、さっと水にさらす。大きめのボールにマヨマスタードソースの材料を混ぜる。

② うどんと具をレンジにかけ、冷やして仕上げる

耐熱皿(P14参照)に、うどんを袋から出してのせ、れんこんを水けをきってのせる。ふんわりとラップをかけ、電子レンジで6分ほど加熱する。ともに冷水で冷やして水けをきり、①のボールに加える。かにかまをほぐしながら加えてさっとあえ、器に盛って、ベビーリーフを添える。

（552kcal、塩分3.6g）

材料（1人分）

冷凍うどん……1玉
かに風味かまぼこ
　……3本（約40g）
れんこん
　……4cm（約80g）
ベビーリーフ……適宜
マヨマスタードソース
┃ マヨネーズ……大さじ2
┃ 粒マスタード、牛乳
┃ 　……各大さじ1
┃ 塩、こしょう……各少々

かにかまとれんこんのサラダうどん

粒マスタードで酸味をプラスしたマヨソースが、あとを引く！

豚しゃぶと
わかめの
サラダうどん

ごまだれ&マヨのまろやかなソースを、
たっぷりからめてめしあがれ。

材料（1人分）

冷凍うどん……1玉
豚バラ薄切り肉（しゃぶしゃぶ用）……80g
カットわかめ（乾燥）……大さじ½
水菜……小1株（約20g）
ごまマヨソース
　　市販のごまだれ……大さじ2½
　　マヨネーズ……大さじ1
白すりごま……適宜

具とソースを用意する

わかめはたっぷりの水に10分ほど浸してもど
し、水けを絞る。水菜は根元を切り、長さ4cm
に切る。大きめのボールにごまマヨソースの
材料を混ぜる。

うどんと具をレンジ加熱する

耐熱皿（P14参照）に、うど
んを袋から出してのせ、豚
肉をほぐしながら広げての
せる。ふんわりとラップをか
け、電子レンジで5分ほど
加熱する。

チン！

うどんを冷やし、仕上げる

豚肉は①のボールに加え、ごまマヨソースを
からめる。うどんは冷水で冷やして水けをき
り、器に盛る。水菜とわかめをのせて豚肉をソー
スごとのせ、ごまをふって、混ぜながらいた
だく。　　　　　　　　（753kcal、塩分3.0g）

豚しゃぶも同時にできる
のか。すごいな!!

和風
パスタ
感覚で!

和風味に欠かせないしょうゆやめんつゆに、
オリーブオイルやバターをプラス。
うどんにしっかり味がからみ、香りやこくもぐんとアップ!
一度食べたらくせになるおいしさです。

きのこの鮭バターうどん

きのこから出るだしに、鮭とバターのこくがあいまって、
箸が止まらなくなります。

① 具を用意する

まいたけは食べやすくほぐす。しめじは石
づきを切り、小房に分ける。

**② うどんときのこを
レンジにかけ、仕上げる**

耐熱皿（P14参照）に、
うどんを袋から出して
のせ、きのこをのせる。
しょうゆ、みりん各大さ
じ½、こしょう少々を
順にかける。ふんわり
とラップをかけ、電子

レンジで6分ほど加熱する。取り出して鮭
フレークを加え、ほぐしながらあえる。器
に盛ってバター大さじ1をのせ、からめ
ながらいただく。（441kcal、塩分3.2g）

材料（1人分）

冷凍うどん……1玉
まいたけ……1パック（約100g）
しめじ……½パック（約50g）
鮭フレーク……大さじ2
しょうゆ　みりん　こしょう
バター

温たましらすのぶっかけ風

めんつゆの甘みとしらすの塩けを、
レモンがすっきりとひきしめます。

**① 具を用意し、
つゆを作る**

万能ねぎは根元を切って斜めに幅1cm
に切り、水にさっとさらして水けをきる。
大きめのボールにめんつゆとレモン汁を
混ぜ、つゆを作る。

**② うどんを加熱して
冷やし、仕上げる**

うどんは袋の表示どおりに電子レンジで
加熱する。冷水で冷やして水けをきり、つ
ゆのボールに加えてさっとあえ、器に盛
る。しらす、温泉卵をのせて万能ねぎを
散らし、オリーブオイル大さじ1をかける。
（494kcal、塩分2.7g）

材料（1人分）

冷凍うどん……1玉
温泉卵……1個
しらす干し……大さじ3
万能ねぎ……3本
めんつゆ（ストレート）
　……大さじ2
レモン汁……大さじ½
オリーブオイル

材料 (1人分)

冷凍うどん……1玉
クリームチーズ……40g
ちくわ……1本
青じその葉……4枚
削り節……大さじ1強
しょうゆ　オリーブオイル

ちくわとチーズのおかかうどん
しょうゆを練り込んだクリームチーズが、和の素材と絶妙にマッチ!

① 具を用意する
大きめのボールにクリームチーズを広げ入れ、室温に置いて柔らかくする。しょうゆ小さじ⅔を加えて練り混ぜ、トッピング用に大さじ½を取り分ける。青じそは軸を切って横にせん切りにし、水にさっとさらして水けをきる。ちくわは斜めに幅5mmに切る。

② うどんをレンジにかけ、仕上げる
うどんは袋の表示どおりに電子レンジで加熱する。熱いうちに①のボールに加え、ほぐしながらあえて器に盛る。トッピング用のクリームチーズと、ちくわ、青じそ、削り節をのせる。オリーブオイル大さじ½を回しかけ、混ぜながらいただく。

（503kcal、塩分2.3g）

ささ身と梅の冷製うどん
梅のさわやかな酸味が涼を呼ぶ一皿。
オイルとはちみつで、やさしい後味に。

① 具とソースを用意する
えのきは根元を切り、食べやすくほぐす。貝割れ菜は根元を切り、長さを半分に切る。ささ身は白い筋があれば取る。大きめのボールに梅ソースの材料を混ぜる。

② うどんと具をレンジ加熱する
耐熱皿(P14参照)に、うどんを袋から出してのせ、ささ身、えのきを順にのせる。ふんわりとラップをかけ、電子レンジで6分ほど加熱する。

チン!

③ うどんと具を冷やし、仕上げる
うどんとささ身は冷水で冷やして水けをきる。ささ身は食べやすく裂き、うどん、えのきとともに①のボールに加える。梅ソースをからめて器に盛り、貝割れ菜をのせて、ごまをふる。

（529kcal、塩分3.4g）

材料 (1人分)

冷凍うどん……1玉
鶏ささ身……2本 (約90g)
えのきだけ……1袋 (約100g)
貝割れ菜
　……⅙パック (約10g)
梅ソース
　梅肉※
　　……大1個分 (約大さじ1)
　オリーブオイル……大さじ1
　はちみつ……小さじ1
　しょうゆ……小さじ½
白いりごま……小さじ½

※梅干しは塩分17%くらいの、甘みのないものを使用。

加熱1回で混ぜるだけ！

レンジ炒飯、レンジ焼きそば

料理／舘野鏡子
撮影／澤木央子
スタイリング／深川あさり
熱量・塩分計算／五戸美香（ナッツカンパニー）

「レンチン1回」で
炒飯や焼きそばが作れる、
画期的なレシピをオレペが開発。
肉や野菜もいっしょに加えるから、
バランスよし。おまけに炒飯はぱらり、
焼きそばはモチッと仕上がるんです！
このラクうま感を覚えてしまったら、
もう戻れないかも!?

レンジ炒飯

下味に油を混ぜ、ラップをせずにチンすることで、絶妙な「ぱらり感」に！　さめてもおいしいので、お弁当にしてもOKです。

共通の作り方
※口径約20cmの耐熱のボール使用。

① 具に下味を混ぜて

② まわりに寄せ、ご飯を投入！

ここ失敗しがち！
具はボールのまわりにリング状に寄せるのがコツ。火が通りやすくなり、肉の生焼けを防ぐことができます。

ラップなしで3分加熱！

③ さっくりと混ぜて完成！

ぱらっとほぐれる感じ、すごいね。

材料（1人分）

具

豚ひき肉	50g
ホールコーン（缶詰・汁けをきる）	大さじ2
万能ねぎの小口切り（③で加える）	2本分

下味

しょうゆ	小さじ1½
酒、ごま油、砂糖	各小さじ1
こしょう	少々

温かいご飯 …… どんぶり1杯分（約200g）

（527kcal、塩分1.5g）

豚そぼろとコーンの炒飯

コーンの甘みが味のアクセントに！

これホントに炒めてないんだよね！

102

卵とハムの塩炒飯

シンプルな塩味で、食べ飽きない一品。

材料（1人分）

具

溶き卵……1個分

ハム（7〜8mm四方に切る）

……2枚（約40g）

ねぎの粗いみじん切り……¼本分

下味

サラダ油……小さじ1

塩……小さじ¼

こしょう……少々

温かいご飯

……どんぶり1杯分（約200g）

※このメニューは、具に下味を混ぜたあと、卵液の真ん中にご飯をのせればOK。

（534kcal、塩分2.7g）

ナポリタン炒飯

子どもも大好きな、ケチャップ&チーズの黄金コンビ。

材料（1人分）

具

ウインナソーセージの輪切り……2本分

玉ねぎのみじん切り……大¼個分

ピーマンのみじん切り……1個分

下味

トマトケチャップ……大さじ1〜1½

オリーブオイル……小さじ1

塩、こしょう……各少々

温かいご飯

……どんぶり1杯分（約200g）

粉チーズ（仕上げ用）……適宜

（579kcal、塩分2.6g）

レンジ焼きそば

麺がもっちりソフトになるのは、ラップして蒸しながらレンチンするから！ 野菜やきのこがたっぷり入り、ヘルシーなのも魅力。

共通の作り方
※口径約20cmの耐熱のボール使用。

① 具に下味を混ぜて

② まわりに寄せ、麺を投入！

ふんわり
ラップをして
4分加熱！

③ そのまま30秒蒸らし、よ〜く混ぜて完成！

ここ失敗しがち！
この蒸らし時間は重要！ 野菜から出た水分を麺に吸わせることで、もちもちと弾力のある食感になります。

具に味ががっつりついててウマい！

材料（1人分）

具
- 豚こま切れ肉（一口大に切る）……50g
- もやし……100g
- にんじんの細切り……1/3本分（約50g）

下味
- 中濃ソース……大さじ3
- 塩……少々

中華蒸し麺……1玉
青のり（仕上げ用）……適宜

（528kcal、塩分3.9g）

もやし
ソース焼きそば

もやしの歯ざわりがあとを引きます！

野菜がしっとり、みずみずしいんだよねー。

温たま豚キムチ焼きそば

キムチの辛みと、とろ～り温泉卵がベストマッチ！

材料 (1人分)

具
- 豚ひき肉 …… 50g
- 白菜キムチ …… 50～70g
- にらのざく切り …… ½束分 (約50g)

下味
- ごま油、しょうゆ …… 各小さじ1
- 砂糖 …… 小さじ½

中華蒸し麺 …… 1玉
温泉卵 (仕上げ用) …… 1個

(563kcal、塩分2.8g)

梅きのこ焼きそば

バターをのせてチンし、こくをプラスします。

材料 (1人分)

具
- ツナ (缶詰・缶汁をきる) …… 40g
- 好みのきのこ (ほぐす) …… 100g
- ちぎった梅肉 …… 1個分

下味
- みりん、しょうゆ …… 各小さじ1
- こしょう …… 少々

中華蒸し麺 …… 1玉
バター (加熱前に麺にのせる) …… 小さじ1
ちぎった青じその葉 (仕上げ用) …… 2枚分

(487kcal、塩分2.7g)

「レンチン2回」で半熟に！ ふわとろ卵丼

ふだんフライパンで作るスクランブルドエッグが、じつはレンジでもできるなんて驚き！

マグカップで混ぜてチンするだけだから手軽です。

レンチン2回の手間はあっても、半生のふわとろ感は極上のおいしさ。これは試す価値アリです。

料理／小林まさみ
撮影／南雲保夫
スタイリング／阿部まゆこ
熱量・塩分計算／亀石早智子

ほろ苦い貝割れを合わせ、
味にメリハリをつけて。

かにかま&貝割れ

材料（2人分）

卵液
- 卵……2個
- 牛乳……小さじ2
- ごま油……小さじ1
- 塩、こしょう……各少々

具
- かに風味かまぼこ……1本
- 貝割れ菜……¼パック

温かいご飯……茶碗2杯分

下準備

● かにかまは長さ2cmに切り、粗くほぐす。
● 貝割れ菜は根元を切り、長さを半分に切る。

（1人分 359kcal、塩分0.9g）

4品共通の作り方

1.「具」の下準備をする。

2. 卵をマグカップに割り、「卵液」の材料を混ぜる。

3. ラップをかけずに電子レンジで1分10秒〜1分20秒加熱する。

4.「具」を混ぜ、さらに30〜40秒加熱してひと混ぜし、温かいご飯にのせる。

マグカップについて

電子レンジ対応で、口径約8×高さ約9cmのものを使っています。レンジで加熱するとふくらむので、卵液を流し入れたときの高さの2倍以上ある深めのものを選んでください。

ほどよい塩けの鮭と
ねぎの風味が相性抜群。

鮭フレーク&ねぎ

材料（2人分）

卵液
- 卵……2個
- 牛乳……小さじ2
- しょうゆ、ごま油……各小さじ1

具
- 鮭フレーク……大さじ1½
- ねぎ……2cm

温かいご飯……茶碗2杯分

下準備
- ●ねぎは斜め薄切りにする。

（1人分362kcal、塩分0.7g）

卵、ベーコン、チーズの
組み合わせがこくうま！

カルボナーラ風

材料（2人分）

卵液
- 卵……2個
- 粉チーズ……大さじ2
- 牛乳……大さじ1
- 塩、こしょう……各少々

具
- ベーコン……1枚
- 粗びき黒こしょう（仕上げ用）……適宜

温かいご飯……茶碗2杯分

下準備
- ●ベーコンは幅1cmに切る。

（1人分392kcal、塩分1.1g）

しょっぱさとこくが、
なーんかあと引く♡

卵を合わせたキムチの
マイルドな辛みが絶妙。

ツナ&キムチ

材料（2人分）

卵液
- 卵……2個
- 牛乳、しょうゆ、ごま油……各小さじ1

具
- ツナ缶詰（80g入り）……¼缶
- 白菜キムチ……30g
- 刻みのり（仕上げ用）……適宜

温かいご飯……茶碗2杯分

下準備
- ●白菜キムチは、かるく汁けをきり、食べ
  やすく切る。

（1人分387kcal、塩分1.1g）

ごま油の香りが
なんともいいね！

PART 5
sweets

型不要、ワザ不要。
3ステップおやつ

オレペでは、「レンジ蒸しパン」は古くからのテッパン企画。
「オムレット」も同様に、生地をふわっと蒸すのにレンジが適しているからです。
また切り餅をチンして作る「大福」も、ママ読者にアツく支持されてきた人気者。
どれも気軽なおやつだから、思い立ったらすぐに試せますよ！

繊維量
トップクラスの
やせ素材

スイーツなのに繊維が
とれるって超いい♪

この簡単さなら
朝ごはんでも作れそう!

おからで
レンジ蒸しパン

料理／髙山かづえ
撮影／岡本真直
スタイリング／しのざき たかこ
熱量・塩分計算／五戸美香 (ナッツカンパニー)

数ある食材のなかで、おからの食物繊維量はトップクラス※。低糖質で腹もちもいい、
優秀な「食べやせ素材」です。蒸しパンなら、ムリなくおいしく取り入れられて超おすすめ。
ぐるぐる混ぜてレンチン1回だから、簡単すぎて驚くはず!

※「日本食品標準成分表
2015年版（七訂）」に基づく。
ただし乾物、粉類を除く。
●おからは食べすぎるとおな
かが張ることがあります（特に
子どもは注意）。様子をみて
食べる量を調整してください。

おからのドーム蒸しパン

やさしいバニラの香りで、おから独特の風味をカバー。
時間がたってもしっとりしているのは、ヨーグルトのおかげ！

① ぐるぐる混ぜて、

口径約18cmの耐熱のボールに材料を
すべて入れ、ゴムべらでよく混ぜる（だ
まがつぶれにくい場合は、泡立て器を
使うとよい）。

材料（口径約18cmの耐熱のボール1個分）
バニラ風味生地

生おから[※]……1カップ（約90g）
卵……2個
薄力粉、牛乳、はちみつ……**各大さじ2**
プレーンヨーグルト……**大さじ1**
ベーキングパウダー……**大さじ½**
バニラエッセンス……**少々**

※生おからは、水分量の多いしっとりしたものと、水
分が少なめでパサパサしたものの2タイプが。ここ
では一般的なスーパーで見かける後者を使ってくだ
さい。

② ボールごとチン！

ボールの側面についた生地をゴムべらで
落とし、きれいに整える。ふんわりとラップ
をかけ、電子レンジで4分30秒加熱する。

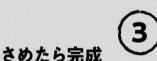

③ さめたら完成

レンジから取り出し、ラップを取る（縁が
生っぽい場合は、再びラップをして様子
をみながら30秒ずつ加熱する）。逆さに
してボールからはずし、ケーキクーラー
などの上で粗熱を取る。
（¼量で120kcal、塩分0.4g）

生地とクリームを
アレンジ！

大豆の仲間のきな粉とは相性抜群！
生地にもクリームにも使って。

ダブルきな粉蒸しパン

材料（口径約18cmの耐熱のボール1個分）と作り方

①右ページの材料と作り方を参照し、同様に作る。ただし、
材料の牛乳は豆乳大さじ2に替え、きな粉大さじ3をたす。
②きな粉大さじ4、豆乳、はちみつ各大さじ2を混ぜてきな
粉クリームを作り、食べる前にかける。

（¼量で192kcal、塩分0.4g）

このクリームだいすき！
ぜんぶなめたい。

濃厚なココア生地にさわやかなヨーグルトがよく合います。

ココア蒸しパン
いちごヨーグルト添え

材料（口径約18cmの耐熱のボール1個分）と作り方

①プレーンヨーグルト200gを、ペーパータオルを敷いたざる
で一晩ほど水きりし、約100gにする。
②右ページの材料と作り方を参照し、同様に作る。ただし、材
料にココアパウダー大さじ3をたす。①にいちごジャム大さじ2
を混ぜていちごヨーグルトを作り、食べるときに添える。

（¼量で184kcal、塩分0.4g）

抹茶の緑が目にも鮮やか！
香ばしいごまがかくし味です。

抹茶ごま蒸しパン
黒糖ホイップ添え

材料（口径約18cmの耐熱のボール1個分）と作り方

①右ページの材料と作り方を参照し、同様に作る。ただし、
材料に抹茶小さじ2、白いりごま小さじ1をたす。
②ボールに生クリーム½カップ、黒砂糖（粉末）大さじ1
を入れ、ぼってりとするまで泡立て器で混ぜる（黒糖ホイッ
プ）。食べるときに添える。（¼量で244kcal、塩分0.4g）

して。

紙のマフィン型で小さく作るのも、かわいくておすすめ。
1個ずつ違うトッピングができるから、楽しみが広がりますよ♪

「バニラ生地」で
スイーツ系に！

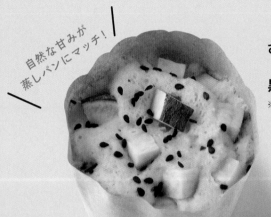

自然な甘みが
蒸しパンにマッチ！

さつまいも※　10g
＋
黒いりごま　ひとつまみ
※7mm角に切り、水に5分さらす。

（1個分74kcal、塩分0.2g）

バニラ生地の材料
（口径約6cmの紙のマフィン型4個分）

生おから……½カップ（約50g）
卵……1個
薄力粉、牛乳、はちみつ……各大さじ1
プレーンヨーグルト……大さじ½
ベーキングパウダー……大さじ¼
バニラエッセンス……少々

ミニ蒸しパン共通の作り方

P110の作り方①を参照して生地を作り、マフィン型4個に等分に流し入れる。トッピングを順にのせ、耐熱皿に等間隔に並べる。皿にふんわりとラップをし、電子レンジで2分30秒ほど加熱して、そのまま粗熱を取る（トッピングは1個分の分量で表示）。

カラフルな見た目が
かわいい！

割ったくるみ（無塩）　7g
＋
ドライフルーツミックス　5g

（1個分124kcal、塩分0.2g）

しょうがをきかせて
大人の味に。

しょうがのみじん切り　少々
＋
市販の黒豆煮　7〜8粒

（1個分81kcal、塩分0.3g）

腹もちがよくていいわー。
かみごたえもあるし。

シナモンの上品な
香りがあとを引く！

バナナの輪切り※　2枚
＋
シナモンパウダー　少々
※レモン汁少々をかける。

（1個分67kcal、塩分0.2g）

ミニ蒸しパンにあれこれトッピング

ソーセージのうまみで
子どもウケ◎。

プチトマトの半割り 2切れ
＋
粗びき黒こしょう 少々
（1個分54kcal、塩分0.4g）

黒こしょうでぴりりと
アクセントを。

「チーズ生地」で
おかず系に！

チーズ生地の材料
（口径約6cmの紙のマフィン型4個分）

生おから……½カップ（約50g）
卵……1個
薄力粉、牛乳、粉チーズ……各大さじ1
プレーンヨーグルト……大さじ½
はちみつ……小さじ1
ベーキングパウダー……大さじ¼
塩……小さじ¼

かぼちゃ※ 10g
＋
**ウインナソーセージの
輪切り** ½本分
※7mm角に切る。
（1個分92kcal、塩分0.6g）

とろっと溶けた
チーズが美味。

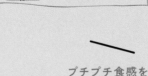

トマトがジュワッと
みずみずしいね！

ホールコーン（缶詰） 小さじ2
＋
カレー粉 ひとつまみ
（1個分59kcal、塩分0.4g）

プチプチ食感を
楽しんで。

ブロッコリー※ 10g
＋
プロセスチーズの角切り 8g
※小さめの小房に分ける。
（1個分81kcal、塩分0.3g）

料理／飯塚有紀子
撮影／髙杉 純
スタイリング／前田かおり
熱量・塩分計算／本城美智子

レンチンでふわふわ。
いちごのオムレット

丸いスポンジにクリームや果物をはさんだオムレット。
スポンジのふんわり感が魅力ですが、じつはこれレンジ向きのスイーツ。
「蒸す」ことで、ソフトな口当たりに仕上がるんです。
生地自体もホットケーキミックスで簡単にできるので、気軽に試してみて!

いちごのオムレット

材料（4個分）

いちご……8粒

スポンジ生地

　溶き卵……1個分
　グラニュー糖……大さじ1
　牛乳、サラダ油……各大さじ3
　ホットケーキミックス※……100g

ホイップクリーム

　生クリーム……100g
　グラニュー糖……10g

※素材などにこだわった高価格のものではなく、
一般的なものを使用してください。

③ スポンジにクリームと
いちごをはさむ

ボールに生クリームとグラニュー糖を入れる。ひとまわり大きいボールに氷水を入れ、生クリームのボールの底を当てながら、泡立て器で九分立て※にする。スポンジの上のラップをはがし、中心にクリームといちごの1/4量をのせ、半分に折る。残りも同様にし、冷蔵庫で15分ほど冷やす。　（1個分337kcal、塩分0.3g）

※すくうとしっかり角が立つくらいが目安。

フルーツを何種類か
はさんでもかわいいよね♪

② レンジでスポンジを作る

直径約14×高さ1〜2cmの耐熱の器にラップ（30×20cm）を敷く。生地の1/4量を流し入れ、器を傾けて全体に広げる（写真右）。ふんわりとラップをかけ、電子レンジで1分ほど加熱する。ラップにはさんだまま取り出し、さます（写真左）。残りも同様にし、合計4枚のスポンジを作る。いちごはへたを取り、縦半分に切る。

① 生地の材料を
混ぜる

ボールに、ホットケーキミックス以外のスポンジ生地の材料を入れ、泡立て器でよく混ぜる。ホットケーキミックスを加え、だまがなくなるまで混ぜる。

ふわふわしてて蒸しパン
みたい。やさしい味！

「いちごシロップ」もレンジ向き。

いちごジャムより短時間で仕上げるシロップは、さらりとして甘さ控えめ。
レンチンならいちごの水分がとびすぎず、果肉感も残ってフレッシュに仕上がります。
日もちするので、旬の時期に作ってストックするのもおすすめ。

材料（容量約300mlのびん1個分）
いちご……1パック（約200g）
砂糖……90g
レモン汁……大さじ1

いちごに砂糖、レモン汁をからめる

いちごはへたを取り、縦に3つ～4つに切る。大きめの耐熱のボールにいちごを入れ、砂糖とレモン汁を加えて混ぜ合わせる。

レンジで加熱する

ボールにふんわりとラップをかけ、電子レンジで3～4分加熱する。粗熱を取り、密閉できる清潔な保存容器に入れる。
（¼量で105kcal）

●冷蔵で2週間ほど保存OK

まずは バニラアイスに
かけてみて♪

レンジで作る
餅生地で!

カラフル★フルーツ大福

ビビッドな切り口が
パッと目を引くフルーツ大福。
いちご大福は定番ですが、
ここ数年は包む果物が
バラエティ豊かに進化中!
餅生地は切り餅と
レンジで作れるので、
だれでも失敗なくできますよ♪

料理／荻田尚子
撮影／田村昌裕
スタイリング／渡会順子
熱量・塩分計算／五戸美香(ナッツカンパニー)

わ、かわいい! これは映えるわ♥

みかんのしるが
じゅわっとでておいしー。

みかんの甘酸っぱさと、白あんの上品な甘みがよく合います。

材料（4個分）

餅生地
| 切り餅 ……2個（約100g）
| 水 …… 大さじ2
| 砂糖 …… 大さじ1
みかん（Sサイズ 約80g）……4個
市販の白あん ……120g
片栗粉 …… 適宜

下準備

● 切り餅はそれぞれ4等分する。
● 左記のmemoを参照し、みかんの皮と筋を取っておく。
● 大きめのバットに打ち粉用の片栗粉を入れる。

ここ失敗しがち！
みかんのサイズが大きいと、あんや餅生地で包みきれず、はみ出してしまいます。みかん選びは慎重に。

memo
みかんの筋をきれいにむくコツ

むきにくいみかんの筋ですが、湯むきすればスムーズ。熱湯で皮ごと1分ゆで、冷水をはったボールにとって。こうすると、皮はもちろん、筋まで簡単につるんとむけます（薄皮はつけたままでOK）。

餅生地でフルーツを包む

下準備のバットに②の生地を入れ、ゴムべらでざっと20×20cmくらいにのばしてさます。上からも打ち粉をして取り出し、4等分に切る。それぞれひとまわり大きくのばし、①を1個ずつのせて包み、形を整えて、閉じ目を下にしておく。
（1個分189kcal）

ここ失敗しがち！
餅生地を4等分に切ったあと、切り口に片栗粉がつくと、包んだときに生地どうしがくっつきにくくなってしまうので注意。

レンジで餅生地を作る

耐熱のボール（P50参照）に切り餅を入れ、水を加えてざっと混ぜる。ふんわりとラップをかけ、電子レンジで2分ほど加熱する。砂糖を加え、全体がなめらかになるまでゴムべらでよく練り混ぜる（やけどに注意）。

あんでフルーツを包む

ラップに白あんの¼量を直径15cmくらいにのばし、みかん1個をのせる。ラップの四隅を持ち上げて茶巾状にし、みかん全体を均一におおうように包む。残りも同様にする。

栗×こしあん

こしあんに替え、
定番の味に。
栗のほっくりとした
食感がアクセント。

材料（6個分）

餅生地
- 切り餅……2個（約100g）
- 水……大さじ2
- 砂糖……大さじ1

栗の甘露煮（びん詰）……6個

市販のこしあん……120g

片栗粉……適宜

作り方

❶栗は汁けをきり、ペーパータオルで包んで汁を拭き取る。

❷右ページの下準備と作り方を参照し、同様に作る。ただし、作り方❶でこしあんは6等分し、栗を1個ずつ包む。また、作り方❸で生地を12×18cmくらいにのばして片栗粉をふり、6等分にする。 　　（1個分142kcal）

キウィ×白あん

キウィも切り口が
ユニークでおすすめ。
きれいに包めるよう、
小さめのものを選んで。

材料（4個分）

餅生地
- 切り餅……2個（約100g）
- 水……大さじ2
- 砂糖……大さじ1

キウィ（小）……2個

市販の白あん……120g

片栗粉……適宜

作り方

❶キウィは皮をむき、横半分に切る。

❷右ページの下準備と作り方を参照し、同様に作る。ただし、作り方❶でみかんをキウィに替え、1切れずつ包む。 （1個分187kcal）

緑のキウィの酸っぱさが
絶妙に合うなあ。

レンジの基本1

電子レンジのタイプを見極める

電子レンジのタイプは主に2種類。食材を置くベストな位置が違うので、注意が必要です。

「ターンテーブル」タイプ

側面の一定の位置から出ている電磁波を、四方に反射させることで加熱する仕組み。食材をターンテーブルの端に置くのが、むらなく加熱するポイントです。

「フラットテーブル」タイプ

センサーが内蔵されているので、中央に置くだけで均一に加熱できる仕組み。比較的新しい機種に多いタイプです。

レンジの基本2

ラップはアーチ状に「ふんわり」と

ラップは容器の口径の倍くらいの長さに切り、アーチ状にふんわりとかけるのが基本。片手で山を作って、すきまをあけながらかけるのがコツです。ぴっちりかけると容器の中が真空状態になって、食材が堅くなったり味がしみ込まなくなってしまう可能性があります。

加熱後は20秒ほど待ってから、容器にくっついている部分を両手で横にひっぱるようにしてはずしましょう。ぴっちりはりついた場合は、はさみを入れて蒸気を逃がして。

監修・料理／小田真規子
撮影／南雲保夫
イラスト／徳丸ゆう
熱量・塩分計算／五戸美香（ナッツカンパニー）

LESSON

毎日のように使う身近な電子レンジ。あまりに身近すぎて、
なんとなく自己流で使っていることも多いもの。
コツを押さえれば、温めなおしはもっとおいしく、
調理はもっと時短に！　ぐんとレベルアップします。
ぜひこのレッスンでレンジのポテンシャルを引き出してください。

レンジの基本3

加熱時間は「600W」が基本

本誌では基本的に600Wの場合の加熱時間を表示しています。500Wの場合は1.2倍、700Wの場合は0.8倍にするのが目安。機種によって、加熱の程度に差があります。まず指定の時間で加熱してみて、たりなければ様子をみながら10秒くらいずつ追加するのが失敗を防ぐコツ。

●加熱時間のワット数別換算表

500W	600W	700W
40秒	30秒	20秒
1分10秒	1分	50秒
1分50秒	1分30秒	1分10秒
2分20秒	2分	1分40秒
3分	2分30秒	2分
3分40秒	3分	2分20秒
4分10秒	3分30秒	2分50秒
4分50秒	4分	3分10秒

※10秒未満は四捨五入しています。

レンジの基本4

掃除は「水蒸気」を利用する

庫内の汚れを放置すると、そこに電磁波が集中して当たり、汚れのこびりつきや加熱むらの原因に。ボールに水を入れて4分ほど加熱し、庫内に蒸気を充満させてから、堅く絞ったぬれぶきんで拭くと汚れをラクに落とせます。また、ターンテーブルも、汁がこぼれたりして汚れやすいので、こまめに洗って乾かしましょう。

温めも調理もレベルアップ!
電子レンジ使いこなし

LESSON 1
温めなおし

料理を温めなおすときに起こりがちなのが、
加熱むらができたり、堅くなったりという失敗。
解決のカギはずばり、料理の「水分量」をコントロールすること！
しっとり、またはからりと仕上げ、もとのおいしさを復活させて。

※フラットテーブルの場合はボールを中央に、ターンテーブルの場合はなるべく端に置いて加熱してください。

［煮もの］

筑前煮、肉じゃがなどの和の煮ものは煮汁が少なめなので、加熱むらができやすいもの。
水をかけてチンし、加熱後しっかり混ぜることで熱をまんべんなくいきわたらせることができます。
水の量の目安は1人分につき大さじ1、加熱時間は2分ほどに。

3. 全体をよく混ぜる　　**2. ふんわりラップで2分加熱！**　　**1. 水大さじ1をかけ、**

［から揚げ］

油でべちゃっとしがちなから揚げは、耐熱皿に「ペーパータオルを敷く」ことがポイント。から揚げ4〜5個をまわりに離して並べ、ラップをかけずに2分ほど加熱します。ラップをかけずに水分をとばし、ペーパーに余分な油を吸わせることで、ほどよくからりと仕上がります。

**ペーパータオルを敷き、
ラップなしで2分加熱！**

［冷蔵ご飯］

冷蔵していたご飯は、深めのボールで温めることで、蒸気がよくいきわたってふっくらした仕上がりに！　ご飯150～200gをなるべく均一に広げたら、水大さじ1をまんべんなくふりかけ、アーチ状にふんわりとラップをかけて2分加熱します。堅めに仕上げたい場合は、水をふらずに温めると◎。

2. ふんわりラップで2分加熱！　　**1. 水大さじ1をかけ、**

［肉まん］

蒸したてのふかふかな食感を復活させるカギは、肉まんを一度水にくぐらせること※。閉じ目を下にして温めると、皮が乾燥するのを防げます。水を入れたボールに肉まんを紙ごとくぐらせ、かるく水けをきってラップでふんわりと包み、1個につき1分加熱を。

※柔らかめの生地の場合は、水を吸いやすいので、閉じ目のみに水をつけてください。

2. ラップでかるく包み、閉じ目を下にして2分加熱！　　**1. 水にくぐらせて、**

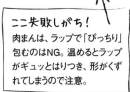

ここ失敗しがち！
肉まんは、ラップで「ぴっちり」包むのはNG。温めるとラップがギュッとはりつき、形がくずれてしまうので注意。

［焼き餃子］

餃子やシュウマイの皮は、温めなおすと堅くなりがち。閉じ目を下にしてチンすれば、水分が下にこもって柔らかさをキープ！　耐熱皿に6～8個並べ、水大さじ1を回しかけ、アーチ状にふんわりとラップをかけて2分加熱すればOK。

水大さじ1をかけ、閉じ目を下にして2分加熱！

LESSON 2
下ごしらえ

サラダやお弁当のおかずに便利なゆで野菜。
ちょっとだけ欲しいのに、湯を沸かしてゆでるのはめんどう……。
レンジなら少量を手早く加熱でき、水溶性ビタミンも逃げにくいんです。
また、乾物をもどすのも、ぐっと時短できますよ。

> **ここ失敗しがち!**
> 下ゆででも「水分調節」は大事。水分が少ないいも類、パサつきがちなブロッコリー、なすなどは、水をかけてチンすることをお忘れなく!

→

［100gの野菜をゆでる］

※加熱後少し堅い場合は、10秒ずつ加熱時間を追加してください。
※野菜を置く位置はターンテーブルの場合を想定しています。フラットテーブルの場合は、耐熱皿の中央に野菜を置いて同様に加熱してください。

1分40秒

キャベツの葉
約2枚
大きめに切り、耐熱皿の半分くらいの面積になるようにラップで包む。耐熱皿の端にのせ、電子レンジで1分40秒加熱する。

1分30秒

セロリ
約小1本
筋を取って幅1cmの斜め切りにし、重なりが2切れ程度になるように並べてラップで包む。耐熱皿の端にのせ、電子レンジで1分30秒加熱する。

1分40秒

ブロッコリー
約小1/2株
小房に分けてラップの上に置き、水大さじ1を回しかけ、なるべく平らにして包む。耐熱皿の端にのせ、電子レンジで1分40秒加熱する。

1分30秒

スナップえんどう
約11個
へたと筋を取ってなるべく平らに並べ、ラップで包む。耐熱皿の端にのせ、電子レンジで1分30秒加熱する。

2分

かぼちゃ
約1/12個
わたと種を取り除き、1.5cm角に切ってラップにのせる。水小さじ1を回しかけ、なるべく重ならないように包む。耐熱皿の端にのせ、電子レンジで2分加熱する。

2分

にんじん
約2/3本
皮をむいて縦半分に切り、横に幅5mmに切る。重なりが2切れ程度になるように並べてラップで包み、耐熱皿の端にのせて電子レンジで2分加熱する。

[乾物をもどす]

切り干し大根

切り干し大根20gをさっと洗う。ボールに水2カップとともに入れてふんわりとラップをかける。電子レンジで3分加熱し、そのまま5分おく。ざるに上げ、水でかるく洗って水けを絞る。

ひじき

ボールにひじき10gを入れ、水1カップを加えてふんわりとラップをかける。電子レンジで3分加熱し、そのまま5分おく。ざるに上げて流水で洗い、水けをよくきる。

2分30秒

じゃがいも
約小1個

皮をむいて3cm角に切り、ラップにのせて水小さじ2を回しかける。なるべく平らにしてラップで包み、耐熱皿の端にのせて電子レンジで2分30秒加熱する。

1分30秒

もやし
約½袋

ひげ根を取り、厚さ1〜2cmになるようにラップで包む。耐熱皿の端にのせ、電子レンジで1分30秒加熱する。

1分30秒

しめじ
約1パック

石づきを切り落として小房に分け、平らに並べてラップで包む。耐熱皿の端にのせ、電子レンジで1分30秒加熱する。

1分30秒

なす
約大1個

へたを取って幅1cmの輪切りにし、ラップの上に重ねながら2列に並べる。水小さじ2を回しかけて包み、耐熱皿の端にのせて電子レンジで1分30秒加熱する。

1分20秒

グリーンアスパラガス
約大3本

根元の堅い皮をピーラーでむき、食べやすい長さの斜め切りにする。なるべく平らにしてラップで包み、耐熱皿の端にのせて電子レンジで1分20秒加熱する。

3分

さつまいも
約⅓本

縦半分に切って横に幅1cmに切り、ラップにのせる。水大さじ2½を回しかけ、なるべく平らにして包む。耐熱皿の端にのせ、電子レンジで3分加熱する。

LESSON 3
少量おかず

お弁当や料理のつけ合わせに、ちょっとだけ副菜をプラスしたい。
そんなとき、レンジでパパッと作れたら「電子レンジ上級者」。
時間がなくてもあっという間に完成しちゃう、
忙しい主婦の味方になる技です。

[いり卵] マヨネーズの油分でふわふわの仕上がり

2. 卵をほぐすようにして、菜箸4本で一気にかき混ぜる。　　　　　　（全量で102kcal、塩分0.3g）

1. 耐熱のボールに卵を割り入れ、マヨネーズを加えて溶きほぐす。ラップをかけずに電子レンジで1分～1分10秒加熱する。

材料（作りやすい分量）
卵……1個
マヨネーズ……小さじ1

[ミートボール] 子どもたちに大人気の一品も超簡単!

2. ソースをこそげながら混ぜ、ミートボールに1分ほどからめる。　　　（全量で317kcal、塩分3.2g）

1. ボールにたねの材料を入れて練り混ぜ、6等分にして丸める。耐熱皿にミートボールをリング状に離して置き、それぞれに小麦粉をまぶす。ソースの材料を混ぜてミートボールにかけ、アーチ状にふんわりとラップをかけて、電子レンジで4分加熱する。

ここ失敗しがち!
肉汁やソースが温かいうちに、ミートボールに手早くからめて。焦げたところもスプーンでこそげると、香ばしさが出ます。

材料（作りやすい分量）
たね
┌ 合いびき肉……100g
│ 玉ねぎのみじん切り……1/8個分（約20g）
│ 牛乳……小さじ1
└ 塩……小さじ1/4
小麦粉……小さじ1
ケチャップソース
┌ トマトケチャップ、中濃ソース、水
└　　……各大さじ1

［アスパラベーコン］ 巻いてレンチンするだけで一品完成！

材料（作りやすい分量）

グリーンアスパラガス……4本

ベーコン……4枚

水……小さじ2

2. 1を耐熱皿の周囲に並べ、水をまんべんなくふりかける。アーチ状にふんわりとラップをかけ、電子レンジで3分加熱する。　（全量で342kcal、塩分1.6g）

1. アスパラは根元の堅い部分の皮をところどころむいて、長さを半分に切る。アスパラ2切れにベーコン1枚を少しずつずらしながら巻く。残りも同様にする。

［野菜ピクルス］ レンチンなら、味がすばやくしみ込む！

材料（作りやすい分量）

きゅうり……1本

にんじん（小）……½本（約50g）

赤パプリカ……½個

甘酢

│ 水、酢……各大さじ3
│ 砂糖……大さじ2
│ 塩……小さじ½
│ ローリエ……½枚

2. 全体を混ぜながら粗熱を取る。時間があれば、さらに半日ほどおくと、より味がしみる。
　（全量で133kcal、塩分3.0g）

1. きゅうり、パプリカは一口大の乱切りにする。にんじんは皮をむき、1cm角の棒状に切る。ともに耐熱のボールに入れ、甘酢の材料を加えて混ぜる。アーチ状にふんわりとラップをかけ、電子レンジで3分加熱する。

覚えておくとちょっと便利。　**はみ出しLESSON**

焼きそばの麺をほぐす

ほぐしにくい焼きそば用の中華蒸し麺。袋の口を開けて1.5cmほど麺を出し、袋のまま耐熱皿にのせて、ラップをかけずに1袋につき30秒加熱。すると加熱後に菜箸などで簡単にほぐすことができます。水なしで簡単にほぐれるので、焼きそばなどを作るときにおすすめ！

はちみつをさらさらに

堅くなってしまったはちみつも、レンジを使えば簡単にもとどおり。ふたを取ってびん※のまま40秒加熱し、スプーンで全体を混ぜてみてとろりとなればOKです。加熱しても堅い場合は、様子をみながら10秒ずつ加熱してみて。練りごまも同様の方法で柔らかくできます。

※食品用のガラスびんは温度差に弱く、長時間加熱すると割れるおそれがあるため、1分以上加熱しないでください。

ORANGE PAGE BOOKS

おうちごはん
格上げレシピ❶

簡単なのに、ちゃんとして見える！

レンチン1回で

2023年8月16日　第1刷発行

アートディレクション／山川香愛
デザイン／山川図案室
イラスト／徳丸ゆう
発行人／鈴木善行
編集担当／井上留美子

発行所／株式会社オレンジページ
　　　　〒108-8357　東京都港区三田1-4-28
　　　　三田国際ビル
　　　　電話　03-3456-6672（ご意見ダイヤル）
　　　　　　　03-3456-6676（販売 書店専用ダイヤル）
　　　　　　　0120-580799（販売 読者注文ダイヤル）

印刷・製本／凸版印刷株式会社　Printed in Japan

https://www.orangepage.net

●本書は2019年刊行の
『「いま」作りたいものが全部ある！　レンジ1回で
ほったらかしおかずとスイーツ168品。』(小社)の
内容を一部改訂し、書籍化したものです。